Das Spiel des Rechts

Bepi Uletilović

Das Spiel des Rechts

Ein juristischer Wegweiser
der anderen Art

Bibliografische Information
der Deutschen Nationalbibliothek:

Die Deutsche Nationalbibliothek verzeichnet diese
Publikation in der Deutschen Nationalbibliografie;
detaillierte bibliografische Daten sind im Internet über
http://www.dnb.de abrufbar.

© 2014 Bepi Uletilović

Herstellung und Verlag:
BoD - Books on Demand, Norderstedt
ISBN 978-3-7357-8688-3

„Das Recht ist ein Spiel, wie alle Spiele sind: Wer's nicht versteht, verliert, und wer's versteht, gewinnt!'

(frei nach dem Dichter
Johann Wilhelm Ludwig Gleim)

Inhalt

Vorwort	9
Einleitung	11
I. Das Spiel	15
1. Beschaffenheit	15
2. Inhalt	17
II. Die Regeln	25
1. Gestaltung	25
2. Geltung	29
III. Die Spielfiguren	33
1. Bürger	33
2. Gesetzgeber	38
3. Verwaltung	43
4. Richter	47
5. Rechtsanwälte	52
6. Medien	60
IV. Die Einstellung	64
1. Wachsamkeit	64
2. Interessenverfolgung	70
V. Die Grundtechniken	78
1. Wahrnehmung	78
2. Information	84
3. Timing	90
4. Beweissicherung	99
VI. Die Strategie	110
Epilog	115

Vorwort

Stellen Sie sich vor, Sie wären ganz allein auf der Welt. Was hätte Ihre Menschenwürde für eine Bedeutung, wenn es keinen anderen gäbe, der sie antasten könnte. Was nützte Ihnen ein rechtlicher Anspruch, wenn es keinen gäbe, von dem Sie etwas beanspruchen könnten. Was hätten strafrechtliche Verbote für einen Sinn? Gäbe es überhaupt die Kategorien Gut und Böse, Recht und Unrecht?

Einleitung

Begegnet Ihnen das Recht überwiegend als undurchsichtiger Paragrafendschungel mit vielen Fallstricken? Begreifen Sie sich nicht als Akteur, sondern als Adressat eines Ihnen geschehenden Rechts bzw. Unrechts? Nehmen Sie am Spiel des Rechts teil, ohne die Regeln zu kennen? Wenn das so ist, dann stellt sich die Frage: Was können Sie tun, um das Spiel zu gewinnen?

Sie werden jetzt vielleicht einwenden, dass es beim Recht nicht in erster Linie um Gewinnen und Verlieren geht, sondern vor allem um Moral und Gerechtigkeit. Dann verkennen Sie aber, dass man auch moralisch und gerecht siegen kann.

Außerdem werden Sie vielleicht einwenden, dass Sie sich damit nicht beschäftigen müssen, weil Sie bei Bedarf einen Rechtsanwalt zu Rate ziehen können, der Ihnen die Regeln erklärt. Wofür sind denn Anwälte schließlich da?

Als praktizierender Rechtsanwalt, der davon lebt, dass Sie die Spielregeln nicht kennen, werde ich diesem Einwand natürlich nicht energisch widersprechen. Gestatten Sie mir aber die Bemerkung, dass ich in meiner jahrelangen Praxis oft erst dann zu Rate gezogen wurde, als das Kind bereits in den Brunnen gefallen war. Da geht es mir ebenso wie vielen Ärzten, die sich in aufwendigen Therapieverfahren mit Krankheiten herumschlagen, die durch eine bessere Lebensführung hätten vermieden werden können.

Mit diesem Buch verfolge ich das Anliegen, Ihnen als mündiger Person aufzuzeigen, wie Sie durch Ihr Verhalten selbst Einfluss auf Ihr Recht nehmen können, damit Sie Ihre Chancen auf den Gewinn des Spiels wahren und Ihrem Rechtsanwalt die erfolgreiche Vertretung Ihrer Interessen ermöglichen.

Wenn Sie nun hoffen oder befürchten, dass ich versuchen werde, Ihnen alle rechtlichen Spielregeln des gesamten Paragrafendschungels in einfacher und verständlicher Art aufzuschlüsseln, dann muss ich Sie enttäuschen bzw. kann Sie beruhigen. Dieses Buch kann und soll kein Studium der Rechtswissenschaft ersetzen. Abgesehen davon verändert sich der Paragrafendschungel ständig, so dass die zielführenden Pfade von heute, morgen schon in eine Sackgasse führen können.

Es geht vielmehr darum, Ihnen Grundregeln und Grundtechniken an die Hand zu geben, mit Hilfe derer Sie im Rahmen Ihrer Möglichkeiten, ohne umfassende Kunde des sich ständig ändernden Rechts, positiven Einfluss auf Ihr Recht nehmen können.

Ich bitte diejenigen, die im Leben bittere Erfahrungen mit dem Recht gemacht haben, es mir nicht übel zu nehmen, dass ich von einem Spiel spreche. Ich bin mir dessen bewusst, dass weder das Leben noch das Recht ein Spiel sind.

Aber es gab eine Zeit, als wir alle das Leben als Spiel begriffen, eine Zeit, in der wir alles Wissen und Können spielerisch erwarben, nämlich unsere Kindheit.

Die Annahme eines Spiels beseitigt Hemmschwellen, dient der besseren Veranschaulichung und Vereinfachung und soll für Freude an der Erkenntnis sorgen.

I. Das Spiel

1. Beschaffenheit

„Im Auslegen seid frisch und munter! Legt ihr's nicht aus, so legt was unter."
(Johann Wolfgang von Goethe)

Bevor man auf dem Spielfeld des Rechts agiert, muss man sich bewusst werden, wie es beschaffen ist, denn seine Beschaffenheit bestimmt die Spielweise.

Das Recht besteht im Wesentlichen aus Sprache. Das ist seine Stärke, aber auch seine Schwäche. Die Sprache unterliegt im Gegensatz zur Zahl der Deutung; beim Recht spricht man von Auslegung.

Der Nachteil der Deutungsoffenheit der Sprache ist Unsicherheit, ihr Vorteil Flexibilität.

Nehmen wir zum Beispiel an, in einem Gesetz steht: „Im Falle einer Körperverletzung muss der Verursacher dem Verletzten eine Entschädigung von 5.000,- € zahlen."

Als Verletzter hätten Sie dann zwar die Sicherheit, genau zu wissen, wie viel Ihnen zusteht, aber zugleich den Nachteil, nicht mehr als 5.000,- € bekommen zu können.

Steht in dem Gesetz aber: „Im Falle einer Körperverletzung muss der Verursacher dem Verletzten eine angemessene Entschädigung zahlen", dann wüssten

Sie zwar nicht genau, wie viel Ihnen zusteht (eventuell sogar weniger als 5.000,- €), aber zugleich hätten Sie die Möglichkeit, wesentlich mehr als 5.000,- € zu bekommen.

Die Deutungsoffenheit der Sprache ermöglicht Ihnen die Auslegung des Rechts in Ihrem Interesse.

Als Verletzter können Sie die Deutungsoffenheit des Wortes „angemessen" nutzen, um zu begründen, warum in Ihrem Fall nur eine hohe Entschädigung von z.B. 5.000.000,- € angemessen ist, während der Verursacher sie nutzt, um zu begründen, warum in Ihrem Fall nur eine geringe Entschädigung von z.B. 500,- € angemessen ist.

Das Spiel des Rechts ist also ein Spiel der Sprache. Nur wer die Sprache beherrscht, kann auch das Recht beherrschen.

Grundregel 1

Lernen Sie die Sprache des Landes, in welchem Sie leben, zu beherrschen.

2. Inhalt

„Das Recht ist der Inbegriff der Bedingungen, unter denen die Willkür des einen mit der Willkür des anderen nach einem allgemeinen Gesetze der Freiheit zusammen vereinigt werden kann."

(Imanuel Kant)

„Alles Recht in der Welt ist erstritten worden, jeder wichtige Rechtssatz hat erst denen, die sich ihm widersetzten, abgerungen werden müssen, und jedes Recht, sowohl das Recht eines Volkes wie das des Einzelnen, setzt die stetige Bereitschaft zu seiner Behauptung voraus."

(Rudolf von Ihering)

Was denken Sie, ist das Recht? Bestimmen Moral und Gerechtigkeit oder gar die Religion, was Recht ist? Oder ist es einfach nur die Summe aller Rechtsvorschriften, die man mit einem beliebigen Inhalt füllen kann?

Wie ich bereits in meinem Vorwort angedeutet habe, ist eine wesentliche Eigenschaft des Rechts in Anlehnung an die Philosophie Immanuel Kants die äußerliche Beziehung des einen zum anderen. Für unser Spiel bedeutet das also, dass es nur dann einen Sinn macht, wenn mindestens zwei Spieler daran teilnehmen.

Nun ist es so, dass die Spieler ausgestattet mit einem freien Willen aufeinandertreffen. Und diese Willkür könnte dazu führen, dass die Freiheit des einen die Freiheit des anderen völlig verdrängen könnte.

Das Recht kann dies verhindern, indem es die Freiheit des einen mit der Freiheit des anderen zu einem allgemeinen Gesetz vereinigen kann. Damit ist aber kaum etwas über den Inhalt des Rechts gesagt.

In einer der ältesten Gesetzessammlungen der Welt, dem babylonischen Codex Hamurabi, beruft sich König Hamurabi in der Einleitung des Gesetzes auf einen direkten Auftrag des Gottes Marduk, Rechtsordnung und Gerechtigkeit einzuführen. Aus der Antike stammt der Satz des römischen Juristen Celsus: *„Das Recht ist die Kunst des Guten und Gleichen."* Nach früherem Verständnis war das Recht also eine Manifestation des göttlichen Willens bzw. der Moral und Gerechtigkeit.

Aber wie ist der göttliche Wille beschaffen, was ist moralisch und was gerecht?

In seinem *„Monstervortrag über Gerechtigkeit und Recht"* von 1969 erzählte der Schriftsteller Friedrich Dürrenmatt dazu folgende Geschichte:

„Der Prophet Mohamed sitzt in einer einsamen Gegend auf einem Hügel. Am Fuße des Hügels befindet sich eine Quelle. Ein Reiter kommt. Während der Reiter sein Pferd tränkt, fällt ihm ein Geldbeutel aus dem Sattel. Der Reiter entfernt sich, ohne den Verlust des Geldbeutels zu bemerken. Ein zweiter Reiter kommt, findet den Geldbeutel und reitet damit davon. Ein dritter kommt und tränkt sein Pferd an der Quelle. Der erste Reiter hat inzwischen den Verlust des Geldbeutels bemerkt und kehrt zurück. Er glaubt, der dritte Reiter habe

ihm das Geld gestohlen, es kommt zum Streit. Der erste Reiter tötet den dritten Reiter, stutzt, wie er keinen Geldbeutel findet, und macht sich aus dem Staube. Der Prophet auf dem Hügel ist verzweifelt. 'Allah' ruft er aus, 'die Welt ist ungerecht. Ein Dieb kommt ungestraft davon, und ein Unschuldiger wird erschlagen.' Allah, sonst schweigend, antwortet: 'Du Narr! Was verstehst du von meiner Gerechtigkeit! Der erste Reiter hatte das Geld, das er verlor, dem Vater des zweiten Reiters gestohlen. Der zweite Reiter nahm zu sich, was ihm schon gehörte. Der dritte Reiter hatte die Frau des ersten Reiters vergewaltigt. Der erste Reiter, indem er den dritten Reiter erschlug, rächte seine Frau.' Dann schwieg Allah wieder. Der Prophet, nachdem er die Stimme Allahs vernommen hat, lobt dessen Gerechtigkeit."

Diese Geschichte zeigt, dass es gar nicht so einfach ist, zu erkennen, was gut und gerecht ist, ganz abgesehen von der Frage, ob der göttlich gebilligte Vollzug der Todesstrafe an dem dritten Reiter durch den ersten Reiter gerechtfertigt ist.

Um sich an dieser Stelle nicht in einer religös-philosophischen Grundsatzdiskussion mit ungewissem Ausgang zu verstricken, empfehle ich aus pragmatischen Gründen einen Rückblick in die Geschichte. Dabei fällt ein roter Faden auf, der sich bis heute durch die Geschichte der Menschheit zieht, nämlich die Erfahrung, dass diejenigen, welche in der Gesellschaft das Sagen hatten, den Inhalt des Rechts bestimmten. Und je nachdem, wie gut und gerecht die Herrschenden waren, war es auch das Recht. Und da sich die Herrschaft über das Recht änderte, änderte sich auch der Inhalt des Rechts. Ist das Recht also doch nur die Summe aller Rechtsvorschriften, deren Inhalt man kraft seiner Macht willkürlich bestimmen kann? Und muss dann ein solches willkürliches Recht angewendet werden, obwohl es ungerecht ist?

Dazu hat sich der Rechtsphilosoph Gustav Radbruch in seinem 1946 in der Süddeutschen Juristenzeitung erschienen Aufsatz mit dem Titel *„Gesetzliches Unrecht und übergesetzliches Recht"* folgende Gedanken gemacht:

„Der Konflikt zwischen der Gerechtigkeit und der Rechtssicherheit dürfte dahin zu lösen sein, daß das positive, durch Satzung und Macht gesicherte Recht auch dann den Vorrang hat, wenn es inhaltlich ungerecht und unzweckmäßig ist, es sei denn, daß der Widerspruch des positiven Gesetzes zur Gerechtigkeit ein so unerträgliches Maß erreicht, daß das Gesetz als ‚unrichtiges Recht' der Gerechtigkeit zu weichen hat. Es ist unmöglich, eine schärfere Linie zu ziehen zwischen den Fällen des gesetzlichen Unrechts und den trotz unrichtigen Inhalts dennoch geltenden Gesetzen; eine andere Grenzziehung aber kann mit aller Schärfe vorgenommen werden: wo Gerechtigkeit nicht einmal erstrebt wird, wo die Gleichheit, die den Kern der Gerechtigkeit ausmacht, bei der Setzung positiven Rechts bewusst verleugnet wurde, da ist das Gesetz nicht etwa nur ‚unrichtiges' Recht, vielmehr entbehrt es überhaupt der Rechtsnatur. Denn man kann Recht, auch positives Recht, gar nicht anders definieren als eine Ordnung und Satzung, die ihrem Sinne nach bestimmt ist, der Gerechtigkeit zu dienen."

Dieser Aufsatz und sein Titel liefern zwei wichtige Anhaltspunkte auf der Suche nach Antworten auf unsere Fragen. Nämlich das „übergesetzliche Recht" und das „unerträgliche Maß".

Was fällt Ihnen zu den Begriffen „übergesetzliches Recht" ein? Etwa die Menschenrechte oder die Verfassung? Das scheint zu passen, da die Menschenrechte und die Verfassung über den einfachen Gesetzen stehen, ist aber bei näherer Betrachtung nicht der Fall. Die wesentlichen Eigenschaften eines übergesetzlichen Rechts wären seine universelle Geltung und seine Unveränderlichkeit. Denn nur ein Recht, dass überall gilt und nicht der Willkür der Mächtigen unterliegt, wäre übergesetzlich.

Die Menschenrechte sind Bestandteil von internationalen Verträgen und Verfassungen. Sie gelten deshalb nur in den Ländern, welche die internationalen Verträge unterzeichneten und sie in ihre Verfassungen aufgenommen haben. Außerdem sind sie nicht unveränderlich, da Verträge und Verfassungen geändert werden können. Sie sind daher im Wesentlichen gesetzliches und nicht übergesetzliches Recht. Lediglich in Teilbereichen kann von universellen, unveränderlichen Rechten gesprochen werden. In Deutschland z.B. dürfen nach dem Grundgesetz der Schutz der Menschenwürde und die freiheitlich demokratische Grundordnung nicht verändert werden.

Aber selbst wenn man den Schutz der Menschenwürde entsprechend dem deutschen Grundgesetz oder wie Radbruch die Gerechtigkeit als übergesetzlichen Maßstab heranzieht, findet man darin nicht die ersehnte

Sicherheit, ein gutes und gerechtes Recht zu bekommen. Denn auch die Schwäche des übergesetzlichen Rechts ist die Deutungsoffenheit der Sprache. Was ist menschenwürdig und was nicht mehr? Was ist gerecht und was nicht mehr? Wann wird der Widerspruch zwischen dem Schutz der Menschenwürde bzw. der Geltung von Gerechtigkeit und dem Gesetz unerträglich?

Angesichts dieser Schwierigkeiten komme ich wieder auf Immanuel Kant und seine äußere Beziehung des einen zum anderen zurück und bringe Gustav Radbruchs Begriff der Unerträglichkeit ins Spiel, jedoch im Sinne einer sozialen Unerträglichkeit. Der eine kann Schlechtes tun und seine eigene Freiheit zulasten des anderen ausdehnen, solange der andere ihn gewähren lässt. Wird dies jedoch für den anderen unerträglich, so wird er sich seinen Freiheitsraum zurückerobern und dafür sorgen, dass ihm Gutes widerfährt.

Und da haben wir wieder ein Phänomen, das sich bis heute wie ein roter Faden durch die Geschichte der Menschheit zieht. Es gab schon immer Menschen, die versuchten, ihren Freiheitsraum so weit wie möglich zulasten der anderen auszudehnen und die dabei Schlechtes taten. Die Geschichte hat jedoch auch gezeigt, dass keines dieser Vorhaben dauerhaft erfolgreich war, weil dies für die anderen früher oder später so unerträglich wurde, dass sie sich ihren Freiheitsraum wieder zurückeroberten. Nur blieben leider nicht alle dabei, ihren Freiheitsraum zurückzuerobern, sondern versuchten ihrerseits, ihn so weit wie möglich auszudehnen, was zu einem ständigen Ringen um

Herrschaft mit vielen Kriegen und dem damit verbundenen Leid führte.

Dieses Ringen führte aber nicht immer dazu, dass das Schlechte des einen durch das Schlechte des anderen abgelöst wurde, sondern auch dazu, dass Gutes entstand. Es entstand jedoch nur dann, wenn die Freiheit des einen nicht zulasten der Freiheit des anderen ausgedehnt wurde, sondern sich die Freiheitssphären in der Mitte einpendelten und dadurch zu einem ausgewogenen Ganzen vereinigten.

Das Gute existiert nicht losgelöst von allem Irdischen, sondern ist eine Errungenschaft der ausgleichenden Selbstbehauptung von Menschen. Die Menschenrechte sind ein Ergebnis dieses Prozesses. Das Recht auf Leben und körperliche Unversehrtheit entstand, weil Menschen es nicht mehr ertragen konnten, dass sie oder ihre Mitmenschen von anderen Menschen in Ausübung von Macht getötet und verletzt wurden und sich dafür einsetzten, dass dies nicht mehr geschieht. Das Recht auf Meinungsfreiheit entstand durch den Einsatz von Menschen, die es satt hatten, dass sie oder ihre Mitmenschen ihre Meinung nicht frei äußern durften, weil andere es ihnen mit Gewalt verwehrten.

So wies Rudolf von Ihering 1872 in seinem Vortrag *„Der Kampf ums Recht"* treffend darauf hin, dass alles Recht in der Welt erstritten worden ist. Und ebenso treffend ist der Satz des Schriftstellers Erich Kästner: *„Es gibt nichts Gutes, außer man tut es."*

Sie sollten nach alldem begreifen, dass Ihnen Moral und Gerechtigkeit durch das Recht nicht frei Haus geliefert werden, sondern Sie aufgefordert sind, der Moral und Gerechtigkeit durch bewusstes Handeln Geltung zu verschaffen.

Das Recht ist vor allem von Interessen geprägt. Es beginnt schon mit der Entstehung des Rechts, der Gesetzgebung, bei der politische Interessen von der mehrheitlich gewählten Regierung im Parlament durchgesetzt werden und setzt sich in der Anwendung des Rechts fort, bei der jeder seine rechtlichen Interessen durchzusetzen versucht.

Grundregel 2

**Verlassen Sie sich nicht darauf,
dass Ihnen Moral und Gerechtigkeit
durch das Recht geliefert werden.**

II. Die Regeln

1. Gestaltung

„Nicht die Umstände bestimmen uns, sondern wir bestimmen unsere Umstände."

(Johann Wolfgang von Goethe)

Seine rechtlichen Interessen kann man nur dann verwirklichen, wenn es einem die Regeln erlauben. Will man also erfolgreich sein, sollte man bereits Einfluss darauf nehmen, welche Regeln gelten.

Und hier kommen Sie ins Spiel. Ja, Sie haben bereits Einfluss darauf, welche Spielregeln das Spiel des Rechts hat. Sie werden mir sicherlich zustimmen, dass Sie Ihre Gewinnchancen in einem Spiel dadurch erhöhen können, dass Sie die Spielregeln mitgestalten. Ein Spielregelgestalter kann z.B. als Spielregel beschließen, dass nur Rechtshänder während des Spiels beim Lösen von Aufgaben Bonuspunkte erhalten können. Da er selbst Rechtshänder ist, ginge er dann zumindest gegenüber den Linkshändern mit einem klaren Vorteil ins Spiel.

Sie werden jetzt vielleicht einwenden, dass sich die Linkshänder gegen eine solche Spielregel rechtlich erfolgreich zur Wehr setzen könnten, weil sie dadurch diskriminiert werden. Schließlich gibt es Grundrechte bzw. Menschenrechte, welche die einseitige Durchsetzung von Interessen auf Kosten anderer verbieten. Mag sein, aber sie müssen sich dafür höchstwahrscheinlich jahrelang unter Einsatz von viel Energie und Geld durch alle Instanzen bis zum Verfassungsgericht durchboxen, um dann am Ende vielleicht doch zu verlieren, weil das Gericht eine gute Begründung für die Ungleichbehandlung findet. Und während die Linkshänder mit viel Aufwand gegen die Regel ankämpfen, läuft das Spiel weiter und macht viele entspannte Rechtshänder zu Gewinnern.

Wenn Sie also bestimmte Spielregeln haben wollen, dann raffen Sie sich auf und geben Sie bei der nächsten Wahl zumindest Ihre Stimme ab und zwar für die Partei, die sich für Spielregeln einsetzt, die Ihre Gewinnchancen erhöhen. Das ist das absolut Mindeste, was Sie bei der Spielregelgestaltung für sich tun können.

Nun werden einige von Ihnen vielleicht einwenden, dass Sie trotz der Abgabe Ihrer Stimme keinen Einfluss auf die Gestaltung der Spielregeln nehmen konnten, weil sich die Politiker einfach nicht an ihre Wahlversprechen hielten. Dies begründeten die Politiker etwa damit, dass die Interessen des Landes oder neue Informationen ein Umdenken erforderten. Ja, das kommt durchaus vor. Eine Garantie dafür, dass Ihr Interesse von der Politik umgesetzt wird, gibt es nicht; aber zumindest eine Chance, für die es sich zu wählen lohnt. Und wenn Ihr Vertrauen enttäuscht wird, dann gehen Sie damit um wie mit der enttäuschten Liebe. Hören Sie nicht auf zu lieben, sondern suchen Sie sich eine andere Liebe.

Das ist aber nicht alles, was Sie tun können. Wenn es momentan keine Partei gibt, die Ihre Spielregeln vertritt, dann können Sie selbst als Politiker in einer der Parteien aktiv werden, von der Sie glauben, dass Sie für Ihre neuen Regeln offen ist und dort versuchen, die Mehrheit der anderen Parteipolitiker von der Notwendigkeit Ihrer Spielregeln zu überzeugen.

Wenn Ihnen das aussichtslos erscheint, dann gründen Sie gemeinsam mit anderen Sympathisanten Ihrer Spielregeln eine neue Partei, die Ihre Spielregeln vertritt.

Und wenn Ihnen das Alles zu aufwendig ist, dann können Sie zumindest versuchen, Einfluss auf die Politiker zu nehmen, indem Sie sich Interessenverbänden anschließen, welche für Sie die politische Lobbyarbeit leisten.

Rechtliche Regeln entstehen aber nicht nur als Ergebnis eines politischen Prozesses, sondern Sie haben in einem Teilbereich des Rechts sogar selbst die Möglichkeit, Ihr Recht kreativ zu gestalten, indem Sie Verträge entwerfen, die auf Ihre Interessen zugeschnitten sind. Dies ist im Zivilrecht möglich. Hier gilt nämlich der Grundsatz der Vertragsfreiheit.

Sieht das Gesetz zum Beispiel vor, dass Sie beim Verkauf Ihres gebrauchten Autos in einem Zeitraum von zwei Jahren die Gewähr dafür leisten, dass es frei von Sachmängeln ist, dann wäre das für Sie nicht günstig. Sie könnten nicht einfach den Kaufpreis kassieren und die Sache vergessen, sondern müssten ab der Übergabe zwei Jahre lang in der Unsicherheit leben, mit Gewährleistungsansprüchen des Käufers behelligt zu werden. Also wird es in Ihrem Interesse liegen, die gesetzlichen Gewährleistungsansprüche auszuschließen oder zumindest einzuschränken. Dies ist möglich, soweit das Gesetz eine abweichende Regelung nicht ausdrücklich verbietet und der Vertragspartner damit einverstanden ist.

Wenn Sie jetzt einwenden, dass Sie das Recht kennen müssen, um es in einem Vertrag gestalten zu können, liegen Sie nicht falsch. Es geht hier aber nicht um die Details, bei denen Sie sich anwaltlich helfen lassen können, sondern um die Erkenntnis, dass Sie dem Gesetz nicht überall ausgeliefert sind, sondern durchaus die Möglichkeit haben, sich eigene Regeln zu schaffen, die Ihren Interessen gerecht werden.

Wenn Sie aber nicht bereit oder zu bequem sind, um Ihren Einfluss auf die Spielregeln auszuüben, dann müssen Sie damit leben, dass andere die Spielregeln Ihres Lebens bestimmen und sollten sich nicht darüber beschweren, dass dies so ist.

Grundregel 3

Bestimmen Sie mit, welche Regeln gelten.

---

2. Geltung

„Wer sich den Gesetzen nicht fügen will, muss die Gegend verlassen, wo sie gelten."

(Johann Wolfgang von Goethe)

Stellen Sie sich ein Fußballspiel ohne Regeln vor, in dem alles erlaubt ist, um ein Tor zu schießen. Es wäre sicher nicht langweilig, würde sich aber voraussichtlich mehr in Richtung Rugby entwickeln.

Dieses Beispiel soll verdeutlichen, dass Regeln grundsätzlich wichtig und gut für ein Spiel sind. Sie dienen der Ordnung und Gleichbehandlung sowie dem Schutz des Spiels und der Spieler vor dem Missbrauch der Freiheit.

Andererseits können Regeln den Spielfluss behindern. Zum Beispiel könnte man dem Torwart verbieten, den Ball über die Mittellinie des Fußballfeldes zu schießen und damit ein schnelles Umschalten von Abwehr auf Angriff erschweren. Ferner können zu viele Regeln, dazu führen, dass die Spieler den Überblick verlieren und sich deshalb aus Unkenntnis nicht mehr daran halten können. So hat bereits der griechische Philosoph Karneades empfohlen: *„Man sollte lieber nur einige Regeln und Gesetze aufstellen, an die sich alle halten, als viele, denen kaum einer folgt."*

Zuviel des Guten kann also auch hier schädlich sein. Der Paragrafendschungel wächst dynamisch. Da, wo es vorher Lichtungen gab, findet man heute ein verschlungenes Dickicht, welches die Bewegungsfreiheit einschränkt. Ab und zu kommt jemand mit einer Machete vorbei, um den einen oder anderen Paragrafen zu beseitigen, damit man überhaupt noch durchkommt. An der stetigen Ausbreitung und Verästelung des Dschungels ändert das aber nichts.

Man kann diese Entwicklung bedauern und sich dafür einsetzen, dass das Recht vereinfacht wird, indem komplizierte Regeln vereinfacht und überflüssige abgeschafft werden (siehe Grundregel 3).

Aber was macht man, solange die Regeln da sind, die man für überflüssig, zu kompliziert, ungerecht und unvernünftig hält?

Sie haben im Grunde nur zwei Möglichkeiten. Entweder Sie halten sich an die Regeln oder nicht.

Auch hier ist die Vorstellung eines Spiels hilfreich. Jedes Spiel hat seine Regeln. Die Regeln sind die Bedingungen, unter denen man siegen darf. Ein Verstoß gegen die Regeln kann zu Sanktionen innerhalb des Spiels bis hin zur Niederlage führen. Mit einem Verstoß gegen die Regeln riskiert man also eine Niederlage.

Anderseits könnte man sich durch Regelverstöße Vorteile gegenüber den Mitspielern verschaffen, welche die eigenen Gewinnchancen erhöhen. Man denke nur an das geschickt als Kopfball getarnte Handspieltor der Fußballlegende Diego Armando Maradonna im Strafraum, das als die „Hand Gottes" in die Fußballgeschichte eingegangen ist.

Es gibt Spieler, die sich an dieser Stelle keine Grundsatzfrage stellen, sondern nur eine Risikoabwägung vornehmen und sich lediglich fragen, wie hoch das Risiko ist, erwischt zu werden und welche Sanktionen ihnen im Falle eines Verstoßes drohen.

Ich zitiere in diesem Zusammenhang wieder Imanuel Kant, der dagegen Folgendes empfahl: *„Handle nur nach derjenigen Maxime, durch die du zugleich wollen kannst, dass sie ein allgemeines Gesetz werde."*

Mit anderen Worten, wenn Sie wollen, dass die Verletzung von Spielregeln generell nicht zu Sanktionen oder gar zum Spielverlust führen kann, also selbst zur Regel wird, dann könnten Sie die Regeln verletzen. Sie müssten dann aber damit leben, dass Sie sich mit der Verletzung von Spielregeln keinen Vorteil mehr verschaffen könnten, weil alle anderen Spieler ebenfalls dazu übergehen würden, die Regeln zu verletzen, um zu gewinnen.

Sie könnten nun einwenden, dass Sie gar nicht wollen, dass es auch anderen erlaubt wird, gegen die Regeln zu verstoßen, so dass es bei Ihrem Vorteil bleibt.

Ja, solange Ihre Regelverstöße nicht entdeckt werden, werden Sie daraus den einen oder anderen Vorteil ziehen können. Die Lebenserfahrung zeigt aber, dass Regelverstöße früher oder später aufgedeckt und mit ihnen keine nachhaltigen Siege errungen werden können.

Nehmen wir das Beispiel der Fußballlegende Maradonna. Warum glauben Sie ist er im Spiel Fußball zu einem Gewinner geworden? Sicher nicht wegen seines Regelverstoßes mit der „Hand Gottes", sondern wegen seiner überragenden spielerischen Fähigkeiten im fairen Vergleich mit anderen Spielern. Regelverstöße sind ein Zeichen von Unsicherheit und Schwäche. Man glaubt nicht daran, fair gewinnen zu können oder ist nicht fähig dazu.

Nun kann es aber durchaus sein, dass die Regeln selbst so einseitig und unfair sind, dass sie Ihnen jede Siegchance nehmen. Regelt ein Gesetz beispielsweise, dass Väter kein Sorgerecht für ihre nichtehelichen Kinder bekommen können, sondern nur deren Mütter, dann kann der Vater das Spiel nicht regelkonform gewinnen, egal was er tut.

In einem Rechtsstaat kann er sich aber, wie bereits ausgeführt, durch Rechtsmittel bis zum Verfassungsgericht dafür einsetzen, dass diese Regel abgeschafft und durch eine Regel ersetzt wird, die ihm die Erlangung des Sorgerechts ermöglicht. Im Rechtsstaat gibt es also Regeln, die einem die Beseitigung von ungerechten Regeln ermöglichen, so dass man nicht gegen sie verstoßen muss, um zu seinem Recht zu kommen.

Grundregel 4

Bekämpfen Sie geltende Regeln nicht und verstoßen Sie nicht gegen sie, sondern nutzen Sie diese, um zu gewinnen.

III. Die Spielfiguren

1. Bürger

„Der Staat ist ein Volk, das sich selbst beherrscht."

(Imanuel Kant)

In den Verfassungen aller demokratischen Staaten steht sinngemäß, dass das Volk das Sagen hat. Das Volk hat die Herrschaft, alle Staatsgewalt geht von ihm aus. Mit dem Volk sind auch Sie gemeint. Ja ich meine Sie persönlich. Vergleicht man das mit einem Schachspiel, dann sind Sie der König und nicht etwa einer der Bauern. Mit der Staatsgewalt geht auch alles Recht vom Volk aus und wird im Namen des Volkes, also auch in Ihrem Namen gesprochen. Sie sind die Hauptfigur im Spiel des Rechts, egal welches Geschlecht Sie haben, welchen Beruf Sie ausüben, wie viel Sie verdienen und wie gebildet Sie sind.

Wenn Sie in diesem Bewusstsein nun die Lust verspüren, ein T-Shirt mit der Aufschrift: „Alle Staatsgewalt geht auch von mir aus!" anzuziehen und damit Stolz durch die Straßen zu marschieren, dann tun Sie es. Ich gönne es Ihnen. Drehen Sie mit breiter Brust eine Runde um den Häuserblock und kommen Sie dann wieder, um zu lesen, was es damit auf sich hat.

Da wir alle das Volk sind, tragen wir alle ein T-Shirt mit der Aufschrift: „Alle Staatsgewalt geht auch von mir aus!". Na, fühlen Sie sich als einer von vielen immer noch so machtvoll? Ihr T-Shirt ist nichts Besonderes, wenn es alle tragen. Wenn alle Könige sind, regieren nicht alle, sondern keiner. Also erhoben sich aus der Menschenmasse immer wieder Menschen, die wirklich ein König sein und ein T-Shirt mit der Aufschrift: „Alle Staatsgewalt geht nur von mir aus!", tragen wollten und sich entsprechend benahmen. Das führte in der Menschheitsgeschichte dazu, dass die Herrschaft vom Volk auf einzelne überging. Ob es sich dabei um Monarchen, Diktatoren oder demokratische Regierungen handelte, macht im Prozess der Verlagerung der Macht des Volkes auf einzelne keinen Unterschied. Alle Herrscher gingen ursprünglich aus der Menschenmasse hervor, ob Monarchen, Diktatoren oder demokratische Regierungen.

Was ist also Besonderes daran, dass alle Staatsgewalt vom Volk ausgeht? An sich nichts, das ist vielmehr eine Selbstverständlichkeit; denn wo soll die Staatsgewalt sonst herkommen? Der wesentliche Unterschied der Demokratie zur Monarchie und Diktatur ist, dass Sie in der Demokratie die Wahl haben, wer Sie regiert. Die Herrschaft wird nicht vererbt, wie in der Monarchie und es reißt sie auch niemand an sich, wie in der Diktatur. Der Philosoph und Dichter Jean-Jacques Rousseau meinte also mit dem Satz: *„Alle Staatsgewalt geht vom Volk aus."*, dass die Staatsgewalt vom Volk durch die Ausübung seines Wahlrechts ausgeht. Folglich kann nur dann Staatsgewalt von Ihnen ausgehen, wenn Sie Ihr Wahlrecht ausüben.

Und jetzt kommt die nächste Einschränkung. Ein weiterer mindestens ebenso bedeutsamer Wesenszug der Demokratie ist die Macht der Mehrheit. Bei demokratischen Wahlen und Abstimmungen entscheidet die

Mehrheit darüber, wer regiert. Und zwar nicht die Mehrheit aller, sondern nur die Mehrheit aller Wahlberechtigten. Folglich geht nur dann Staatsgewalt von Ihnen aus, wenn Sie wahlberechtigt sind und Ihre Wahl der Wahl der Mehrheit entspricht.

Weiter geht es mit der nächsten Einschränkung. Wahlen finden zwar regelmäßig aber nicht ständig, sondern nur in Abständen von mehreren Jahren statt. Folglich geht zwischen den Wahlen keine Staatsgewalt von Ihnen aus. Bei einer Wahlperiode von z. B. vier Jahren und einer Lebenszeit von 60 Jahren als Wahlberechtigter kann nur in 15 von 60 Jahren Staatsgewalt von Ihnen ausgehen. Und in der Zeit, in der Sie nicht zur Wahl aufgerufen sind, kann sehr viel passieren, bis hin zu revolutionären und existenziellen Veränderungen.

Schließlich stellt sich die Frage, was mit der Staatsgewalt passiert, die alle paar Jahre von der Mehrheit des wahlberechtigten Volkes ausgeht. Sie wird in der Regel auf die Organe der Gesetzgebung, der vollziehenden Gewalt und der Rechtsprechung übertragen und von diesen Organen ausgeübt. Lediglich in der direkten Demokratie trifft das Volk in Abstimmungen selbst politische Entscheidungen; derzeit existiert diese Art der Demokratie jedoch in keinem Land der Welt in ihrer reinen Form, sondern nur in Elementen. Die Staatsgewalt wird also vom Volk in der Regel nicht direkt ausgeübt, sondern auf Volksvertreter übertragen.

Daran ist grundsätzlich nichts auszusetzen, da es kaum praktikabel wäre, immer alle über alles entscheiden zu lassen.

Mit der Übertragung von Macht ist es aber so wie mit einem Löwen, den Sie liebevoll aufziehen und danach in die Wildnis entlassen. Wenn Sie diesem Löwen später in der Wildnis begegnen, kann es Ihnen passieren, dass er sich an Ihre liebevolle Zuwendung nicht mehr erinnert und Sie verspeist.

Dessen ist man sich in einem demokratischen Rechtsstaat bewusst und hat deshalb aus schlechter Erfahrung den Sicherungsmechanismus der Bindung der Organe an Recht und Gesetz also die Rechtsstaatlichkeit eingebaut, ohne die eine Demokratie lediglich eine Willkürherrschaft von gewählten Mehrheiten wäre. Die Rechtsstaatlichkeit soll Sie also vereinfacht davor schützen, vom Löwen als Repräsentanten der Macht verspeist zu werden.

Die Rechtsstaatlichkeit ist aber keine kurze Kette, mit der Sie jederzeit direkte Kontrolle über den Löwen haben, sondern eher eine lange Leine, die eine weite Entfernung der Macht von Ihnen erlaubt, dem Löwen also viel Spielraum lässt. Obendrein ist die Leine der Rechtsstaatlichkeit aufgrund der von mir oben beschriebenen Beschaffenheit das Rechts dehnbar wie ein Gummiband, so dass sich die Macht noch weiter von Ihnen entfernen kann.

Das Phänomen der Verselbständigung der Macht bekommen Sie als Bürger z.B. in der Kommunikation zu spüren, wenn Ihnen Maßnahmen der Regierung von

Politikern als notwendig im Interesse des Staates oder Landes oder der Nation begründet werden; als ob der Staat als politische Organisationsstruktur, das Land als geografisches Gebilde oder die Nation als Kulturgemeinschaft eigene vom Volk losgelöste Interessen hätten. Auch die Verwaltung spricht nicht mehr vom Volk, sondern von „öffentlichen Interessen". Lediglich die Rechtsprechung bezieht seine Macht noch ausdrücklich auf das Volk, indem es „Im Namen des Volkes" urteilt.

Zusammenfassend lässt sich also sagen, dass Sie Ihr Power-T-Shirt zwar noch tragen können; Sie müssen sich aber bewusst sein, dass Sie nur wenig und selten Macht ausüben, wenn Sie nur wählen gehen. Und diese Macht geben Sie auch noch an andere ab. Wer begrenzte Mittel zur Wahrnehmung seiner Interessen hat, muss besonders darauf achten, sie nicht zu verlieren und alle vorhandenen Mittel auszuschöpfen.

Grundregel 5

Wählen Sie diejenigen sorgfältig aus, denen Sie Macht übertragen und behalten Sie sie im Auge.

---

2. Gesetzgeber

„Es bedürfte göttlicher Wesen, um den Menschen Gesetze zu geben."

(Jean-Jacques Rousseau)

Der Gesetzgeber ist der Schöpfer der Spielregeln. So wie unsere physische Entfaltung durch die Naturgesetze bestimmt wird, wird unsere soziale Entfaltung durch die in den Parlamenten beschlossenen Gesetze bestimmt. Der Gesetzgeber ist aber kein neutrales, weises, alles überblickendes und vorausschauendes höheres Wesen, sondern besteht aus der Mehrheit der gewählten Abgeordneten in den gesetzgebenden Parlamenten, also aus Menschen mit unterschiedlichen Fähigkeiten und Interessen. Die Politik, die sie mit ihren jeweiligen Parteien verfolgen, spiegelt sich in den von ihnen beschlossenen Gesetzen wieder. Mit einem Gesetz nimmt der politische Wille seine konkrete Gestalt an.

Die Gesetzgebung ist ein Prozess, der mit einem Gesetzesentwurf beginnt, sich mit der Beratung und Abstimmung darüber fortsetzt und mit der Verkündung endet. In rein repräsentativen Demokratien haben nur die Volksvertreter in den Parlamenten bzw. in der Regierung das Recht, einen Gesetzesentwurf zur Abstimmung vorzulegen, während in direkten Demokratien jeder Bürger ein Recht hat, diese Initiative zu ergreifen.

Da Sie nun wissen, was die Gesetzgebung ist und wie sie abläuft, lade ich Sie dazu ein, sie einmal selbst durchzuspielen. Bilden Sie zunächst mit ein paar

Freunden zusammen einen gemeinsamen politischen Willen, indem Sie sich überlegen, was Sie in dem Land ändern wollen, in welchem Sie leben. Sammeln Sie Vorschläge, diskutieren Sie diese und einigen Sie sich durch mehrheitlichen Beschluss auf einen politischen Willen, den Sie durchsetzen wollen. Sofern Sie nach diesem Prozess immer noch miteinander befreundet sind und einen gemeinsamen politischen Willen beschlossen haben, dann entwerfen Sie bitte ein Gesetz, welches die von Ihnen erwünschte Wirkung entfalten soll. Jeder von Ihnen sollte einen eigenen Gesetzesentwurf formulieren.

Na, wie sieht's aus? Haben Sie ein Problem? Das könnte daran liegen, dass Sie Ihren politischen Willen zu allgemein gefasst haben. Haben Sie etwa beschlossen, soziale Gerechtigkeit herzustellen, die Armut zu verringern, das Steuerrecht zu vereinfachen oder die Sicherheit im Straßenverkehr zu erhöhen. Das ist kein Beinbruch, denn immerhin haben Sie sich damit ein gemeinsames Ziel gesetzt, dass Sie in Ihrer Nachbarschaft verkünden können.

Sie können gemeinsam um die Häuser ziehen und die Leute darauf aufmerksam machen, wie sozial ungerecht die Gesellschaft ist oder wie verbreitet die Armut im Land ist oder wie kompliziert das Steuerrecht ist oder wie unsicher der Straßenverkehr ist und ihnen versprechen, dies zu ändern. Danach werden Sie sicherlich viele Fans haben, die Ihnen zujubeln. Damit verändern Sie aber tatsächlich nichts in der Gesellschaft. Solange Sie nur sagen, was Sie erreichen wollen, aber nicht wie, verpufft Ihr politischer Wille. Überlegen Sie sich also eine konkrete Maßnahme, die

Ihnen zur Erreichung Ihres politischen Ziels als geeignet erscheint und formulieren Sie ein Gesetz, welches diese Maßnahme verwirklichen soll.

Sie haben immer noch ein Problem? Haben Sie etwa beschlossen, die Geburtenrate in Ihrem Land durch Zahlung eines Kindergeldes zu erhöhen? Gut, dann müssen Sie aber auch beschließen, wie viel und ab wann Kindergeld gezahlt werden soll, bevor Sie ein entsprechendes Gesetz formulieren. Also noch einmal zurück zur politischen Willensbildung.

Da Sie nun hoffentlich Ihren politischen Willen durch eine bestimmte Maßnahme hinreichend konkretisiert haben, gehe ich davon aus, dass Sie alle unabhängig voneinander denselben Gesetzestext zur Umsetzung dieser Maßnahme formuliert haben. Oder etwa nicht?

Ehrlich gesagt, würde es mich sehr überraschen, wenn Sie alle denselben Gesetzestext entworfen hätten. Es ist vielmehr zu erwarten, dass jeder von Ihnen das Gesetz mit seinen ganz eigenen Worten formuliert hat. Das Gesetz kann aber nicht in allen Versionen, sondern nur in einer Fassung verabschiedet werden. Deshalb müssen Sie sich jetzt auf eine gemeinsame Fassung einigen.

Diese endgültige Fassung müssen Sie dann zur Abstimmung stellen und mehrheitlich beschließen. Als nächstes gehen Sie zum „Volk" – nehmen Sie Ihre jeweiligen Verwandten und weiteren Freunde als „Volk" – und verkünden Sie ihm Ihr Gesetz. Befragen Sie das „Volk" danach, ob und wie es das Gesetz versteht und welchen Einfluss es auf sein Verhalten hätte.

Wenn es Ihnen gelungen ist, ein für alle einfach verständliches Gesetz zu formulieren, dass die von Ihnen gewünschte Wirkung beim Volk dauerhaft entfaltet, dann haben Sie Ihr politisches Ziel erreicht. Ob Sie damit aber ein gutes und gerechtes Gesetz geschaffen haben, das einen Beitrag zur dauerhaften Verbesserung der Lebensverhältnisse in Ihrem Land leistet, steht auf einem anderen Blatt.

Mit dem Verabschieden eines Gesetzes ist es so ähnlich, wie wenn Sie Ihr Kind in die weite Welt verabschieden. Sie lassen es los und verlieren damit die Kontrolle darüber. Ihr Kind wurde zwar durch Sie geprägt, entfaltet dann aber seine ganz eigene Dynamik.

Das vom Gesetzgeber (Legislative) geschaffene Gesetz wird also nicht von ihm angewendet. Seine Anwendung ist Sache der Regierung und öffentlichen Verwaltung (Exekutive) sowie der Gerichte (Judikative). Der in der Begründung des Gesetzes zum Ausdruck kommende Wille des Gesetzgebers ist außerdem nur einer von mehreren Faktoren der Gesetzesauslegung. Daneben kommt es entscheidend auf den Wortlaut, die Stellung des Gesetzes im Rechtssystem und auf seinen objektiven Sinn und Zweck an. Der Gesetzgeber muss also sehr sorgfältig bei der Gesetzesfassung vorgehen, wenn er will, dass sein Interesse 1:1 umgesetzt wird.

Zuletzt noch eine Frage an Sie. Gab es unter Ihren gesetzgebenden Freunden einige, die sich an dem Gesetzgebungsverfahren nicht aktiv beteiligt, sondern nur über den fertigen Gesetzentwurf abgestimmt haben? Es würde mich nicht wundern, wenn dies der Fall wäre, denn auch in den gesetzgebenden Parlamenten gibt es viele Abgeordnete, die ein Gesetz mit ihrer Stimme nur durchwinken, ohne sich aktiv am Entwurf und der Beratung zu beteiligen. Ja, manche lesen ein Gesetz noch nicht einmal, bevor sie darüber abstimmen. Sie verlassen sich darauf, was andere ihnen über den Inhalt des Gesetzes erzählen. Sie sind mehr Gesetznehmer als Gesetzgeber. Die wahren Gesetzgeber sind diejenigen, welche Einfluss auf den Text des Gesetzes nehmen. So verwundert es nicht, dass Interessenverbände nicht nur ihre Meinung zu Gesetzesvorhaben äußern, sondern konkrete Gegenentwürfe vorlegen, um ihre Interessen zu wahren.

3. Verwaltung

„Die Freiheit eines Volkes beruht ungleich stärker auf seiner Verwaltung als auf seiner Verfassung."

(Barthold Georg Niebuhr)

Die Verwaltung soll als exekutive Staatsgewalt der Vollstrecker des gesetzgeberischen Willens sein. Wenn also der Gesetzgeber zur Sicherheit des Straßenverkehrs ein Gesetz verabschiedet, wonach jeder, der beim Fahren eines Autos im Straßenverkehr eine bestimmte Höchstgeschwindigkeit überschreitet, ein Bußgeld zahlen muss, dann ist es Sache der zuständigen Verwaltungsbehörde, vor Ort Geschwindigkeitsmessungen vorzunehmen und bei einem Verstoß gegen das Gesetz einen Bußgeldbescheid gegen den betroffenen Bürger zu erlassen und die Zahlung des Bußgeldes notfalls mit Gewalt (Zwangsvollstreckung, Haft) durchzusetzen.

Danach könnte man den Eindruck gewinnen, dass die Verwaltung ein bloßer Erfüllungsgehilfe des Gesetzgebers sei. Das ist aber keineswegs der Fall. Die Verwaltung ist zwar an das Gesetz gebunden, was aber nicht bedeutet, dass sie dem Willen bzw. den Weisungen des Gesetzgebers unterworfen ist. Die Verwaltung ist vielmehr eine eigenständige Staatsgewalt, wenn nicht sogar die mächtigste der drei Staatsgewalten, da sie das Heft des Handelns in der Hand hat und als einzige der Gewalten in Ausübung des staatlichen Gewaltmonopols handfeste Gewalt gegenüber dem Bürger ausübt. Den Polizeiknüppel, den Sie z.B. bei einer eskalierenden Demonstration auf Ihrem Körper zu spüren bekommen, schwingt nicht der Gesetzgeber und auch kein Richter, sondern ein Beamter der Polizeibehörde. Die Verwaltung greift aber nicht nur direkt in Ihre Freiheitsrechte ein, sondern hat auch die Aufgabe, Ihnen die staatlichen Leistungen (z.B. Sozialhilfe) zur Verfügung zu stellen, die Ihnen gesetzlich zustehen.

Bei der Verwaltung haben Sie es mit einer hierarchischen Organisation zu tun, in welcher der einzelne Beamte nicht frei nach dem Gesetz entscheidet, sondern an Weisungen gebunden ist. Die Verwaltung entwickelt als eigener Akteur im Spiel des Rechts seine eigene Auffassung dazu, wie das Gesetz zu verstehen und anzuwenden ist. Dies wird dann in internen Verwaltungsvorschriften (Richtlinien, Anwendungshinweisen) festgehalten und den Beamten vorgegeben. Dabei richtet sich die Verwaltung nach dem sogenannten „öffentlichen Interesse".

Wenn es z.B. im „öffentlichen Interesse" liegt, den Zuzug von Ausländern in das Land zu begrenzen, dann wird die Ausländerbehörde die Gesetzesvorschrift, welche unter bestimmten Voraussetzungen die Erteilung einer Aufenthaltsgenehmigung an den Ausländer vorsieht, eher einschränkend auslegen. Wenn die Staatskasse nicht ausreichend gefüllt ist, dann könnte es im „öffentlichen Interesse" liegen, z.B. die gesetzlichen Regelungen zur Zahlung von Sozialleistungen eng oder die Gesetze, die den Bürger zur Zahlung von Steuern verpflichten, weit auszulegen, oder auf Handlungsebene z.B. gesetzliche Leistungen nur verzögert zu bewilligen oder die Zahl der Geschwindigkeitsmessungen auch an weniger gefährlichen Stellen im Straßenverkehr zur vermehrten Einnahme von Bußgeldern zu erhöhen.

Die Verwaltung hat außerdem die Möglichkeit, selbst rechtsbeständige und vollstreckungsfähige Entscheidungen zu treffen. Wenn der Staat z.B. eine Steuerforderung gegen Sie hat, dann muss er sie nicht kosten- und zeitaufwendig bei einem Gericht einklagen, sondern setzt sie einfach per Bescheid gegen Sie fest. Dieser Bescheid dient der Steuerverwaltung dann wie ein Gerichtsurteil als Vollstreckungstitel gegen Sie. Die Verwaltung schreibt sich damit quasi ihr eigenes „Urteil".

Sie können dagegen zwar Rechtsmittel einlegen. Diese Rechtsmittel haben aber nicht die Wirkung, dass die Vollstreckung des Bescheides über längere Zeit aufgeschoben werden kann, weil Steuerbescheide üblicherweise sofort vollziehbar sind. Begründet wird dies mit dem „öffentlichen Interesse", eine umgehende Durchsetzung der Steuerforderung zu gewährleisten. Die Verwaltung hat insoweit einen klaren Vorteil gegenüber dem Bürger im Spiel des Rechts. Sie ist ihm einen wesentlichen Schritt voraus.

Während Sie nicht selten mehrere Jahre vor Gericht prozessieren müssen, um ein vollstreckbares Urteil zu erlangen und währenddessen möglicherweise wegen der Zahlungsverzögerung Pleite gehen, vollzieht die Verwaltung umgehend ihr eigenes Urteil. Aber nicht etwa aus eigener Machtvollkommenheit, sondern weil der Gesetzgeber solche Regeln geschaffen hat, die ihr das erlauben.

Der Gesetzgeber gewährt der Verwaltung außerdem in vielen Bereichen umfassende gesetzliche Beurteilungs- und Ermessensspielräume, die nur einer eingeschränkten gerichtlichen Kontrolle unterliegen. Ein Beispiel für eine Beurteilungsermächtigung findet sich im Atomrecht, wo die Risikoermittlung und Risikobewertung den zuständigen Behörden überlassen ist. Ein Beispiel für einen Ermessensspielraum ist die Formulierung des Gesetzgebers, dass eine Genehmigung nicht zu erteilen ist, sondern erteilt werden „kann", wenn bestimmte Voraussetzungen erfüllt sind; denn dann liegt es im Ermessen der Behörde, ob die Genehmigung erteilt wird oder nicht.

Auch die Staatsanwaltschaft, welche mit Hilfe der Polizei gegen Verdächtige einer Straftat ermittelt und gegen sie bei Vorliegen eines hinreichenden Tatverdachts beim Strafgericht Anklage erhebt, gehört als hierarchisch organisierte Behörde mit weisungsgebundenen Bediensteten zur exekutiven Staatsgewalt. Staatsanwälte nehmen als abhängige staatliche Organe der Rechtspflege das öffentliche Strafverfolgungsinteresse war.

4. Richter

„Wo kein Kläger, da kein Richter."
(Redensart)

„Vor Gericht und auf hoher See sind wir in Gottes Hand."
(römische Juristenweisheit)

Richter haben die Aufgabe, in einem rechtlichen Konflikt eine Entscheidung darüber zu treffen, wer im Recht ist. Sie bestimmen also darüber, wer das Spielfeld als Sieger bzw. Verlierer verlässt. Als dritte Staatsgewalt in einem demokratischen Rechtsstaat sind sie keinerlei Weisungen unterworfen und damit unabhängig. Ein Strafrichter hat dies während meiner praktischen juristischen Ausbildung mit dem folgenden Sinnbild einprägsam auf den Punkt gebracht: *„Über mir ist nur der blaue Himmel."*

Wer jetzt gegen dieses Bild protestiert und darauf hinweist, dass es eine höhere Instanz und die Bindung der Richter an das Gesetz gibt, verfehlt das Thema, denn das Gesetz und die Entscheidungen von Richtern einer höheren Instanz enthalten zwar Vorgaben, aber keine Anweisung an einen Richter, wie er im Einzelfall zu entscheiden hat.

Im Gegensatz zu Schiedsrichtern im Sport stehen die Richter im Spiel des Rechts nicht am Spielfeldrand und beobachten die Akteure, um bei einem Regelverstoß von sich aus sofort einzuschreiten, sondern sprechen nur dann Recht, wenn jemand das Gericht, dem sie angehören, mit einem Antrag oder einer Klage anruft. Aber auch wenn jemand das Gericht anruft, bekommt er nicht immer eine Entscheidung in der Sache. Diese trifft das Gericht nämlich nur, wenn es örtlich und sachlich zuständig ist und der Antrag bzw. die Klage von einer prozessfähigen Person formell ordnungsgemäß und fristgemäß beim Gericht eingereicht wurde.

Außerdem kostet ein Gerichtsverfahren Geld, das in einigen Verfahrensordnungen vom Antragsteller bzw. Kläger sogar vorgeschossen werden muss, bevor das Gericht tätig wird. Abgesehen von den Gerichtskosten entstehen in der Regel auch Anwaltskosten und nicht selten auch Kosten für Zeugen und Gutachten.

Angesichts der Distanz der Richter zum Spielgeschehen und der zu überwindenden Hürden beim Zugang zur Rechtsprechung verwundert es nicht, dass Fehlentwicklungen im Spiel des Rechts auch in demokratischen Rechtsstaaten längere Zeit nicht von der Rechtsprechung korrigiert werden, weil sie erst gar nicht zu ihr vordringen.

Viele erwarten von den Richtern eine Entscheidung darüber, was richtig und was falsch ist. Diese Erwartung kann aufgrund der bereits von mir beschriebenen Beschaffenheit des Rechts kaum erfüllt werden. Die Rechtsprechung bedient sich zwar der Logik, ist deshalb aber noch lange keine Mathematik.

So überrascht es nicht, dass auch Richter verschiedener Gerichte in der gleichen Fallkonstellation unterschiedlich urteilen. Und wer glaubt, dass spätestens die höchste Instanz darüber entscheidet, was richtig oder falsch ist, irrt auch, denn in der Praxis kommt es vor, dass Gerichte höchster Instanz ihre Rechtsprechung und damit ihre Rechtsauffassung zur identischen Rechtsfrage später ändern, was nicht möglich wäre, wenn nur ihre vorherige Rechtsauffassung richtig gewesen wäre.

In der Juristerei spricht man deshalb aus gutem Grund nicht von einer richtigen oder falschen, sondern von einer vertretbaren oder nicht vertretbaren Rechtsauffassung.

Der „Kampf ums Recht" vor einem Gericht ist außerdem in der weit überwiegenden Zahl der Fälle kein Kampf um die Auslegung des Rechts, sondern ein Kampf um die Tatsachen, welche dem Urteil zu Grunde zu legen sind. Nur wenn alle für die Anwendung einer Rechtsnorm erforderlichen Tatsachen feststehen, kann der Richter sie anwenden.

Wer also vor Gericht gewinnen will, muss vor allem die für ihn günstigen Tatsachen darlegen und gegebenenfalls beweisen. Aber auch im Bereich der sogenannten harten Fakten bewegt man sich auf unsicherem Terrain, weil auch hier Wertungen bzw. Würdigungen eine große Rolle spielen, die in der Praxis zu folgenden Fragestellungen führen: Ist der Tatsachenvortrag schlüssig? Wer muss was beweisen, um zu gewinnen? Wann kehrt sich die Beweislast um? Sind die Zeugen glaubwürdig und ihre Aussage glaubhaft? Ist das Sachverständigengutachten überzeugend? Beweist der Inhalt der vorgelegten Urkunde die behauptete Tatsache?

Alles Fragen, die letztendlich von Richtern durch Wertung bzw. Würdigung und nicht durch mathematische Berechnung beantwortet werden. Sie entscheiden kraft ihrer Unabhängigkeit nach freier Überzeugung darüber, ob eine tatsächliche Behauptung als wahr oder unwahr zu erachten ist.

Von Richtern wird erwartet, dass Sie in einem fairen Verfahren nach sachlicher Abwägung des Für und Wider und ohne Ansehen der Person Recht sprechen. Viele sehen das als selbstverständlich an, der Gesetzgeber eines demokratischen Rechtsstaates tut dies aber aus gutem Grund nicht, denn er weiß, dass Richter auch nur Menschen sind. Deshalb eröffnen die Prozessordnungen in demokratischen Rechtsstaaten das Recht, einen Richter wegen Besorgnis der Befangenheit abzulehnen oder gegen seine Entscheidung Rechtsmittel einzulegen. Warum sollten Sie also einem Richter blind vertrauen, wenn es der Gesetzgeber nicht tut? Ein Zivilrichter hat mir mal erzählt: *„Wenn ich in einem Fall die Möglichkeit sehe, so oder so zu entscheiden, dann entscheide ich gegen die Partei, die mir unsympathisch ist."*

Da es sich bei der Juristerei um keine Mathematik handelt und die Rechts- und Faktenlage unterschiedlich bewertet werden und sich im Laufe des Prozesses ändern können, ist der Ausgang eines Prozesses nicht berechenbar.

Außerdem können Prozesse aus verschiedenen Gründen sehr lange dauern. Ein häufiger Grund für Verzögerungen ist die personelle Unterbesetzung und schlechte Ausstattung der Justiz in Ländern mit knappem Haushalt.

Ein Mandant hat mir mal gesagt, dass ein Prozess, der zu lange dauert, für ihn ein verlorener Prozess sei, ganz gleich wie er ausgehe.

Grundregel 6

Schöpfen Sie alle Möglichkeiten der außergerichtlichen Wahrnehmung Ihrer Interessen aus.

5. Rechtsanwälte

"Recht haben und Recht bekommen sind zwei verschiedene Dinge."

(Sprichwort)

Rechtsanwälte haben im Spiel des Rechts die Aufgabe, alles gesetzlich und rechtlich Mögliche zu tun, das Ihren Interessen dient und Ihnen damit zum Sieg verhelfen kann.

Angesichts dessen stellt sich zunächst die Frage, warum Ihnen im Spiel des Rechts in einem demokratischen Rechtsstaat überhaupt Rechtsanwälte zur Verfügung stehen, die Sie durch das Spiel leiten und sich für Sie einsetzen. Sind Sie nicht in der Lage, ohne fremde Hilfe zu spielen?

An dieser Stelle kommt mir Lewis Carrolls Geschichte von Alice im Wunderland in den Sinn. In dieser Geschichte folgt die Hauptfigur Alice im Schlaf einem sprechenden weißen Kaninchen in eine skurrile Welt. Dort begegnet Sie merkwürdigen Wesen, die in einer eigenen Logik leben, welche Alices Verständnis von Realität erschüttern. Raum und Zeit und schließlich sogar die ganze Realität werden dort durch eigenartige Sprech- und Denkmuster und sich nach bestimmten Regeln vollziehende Spiele in Frage gestellt.

Alices versuchen, sich mit ihrem in der Schule angeeigneten Wissen gegen den Unsinn der Fabelwesen zu behaupten, begegnen die Fabelwesen mit den Methoden des Befehlens und Bestrafens. Weder Alice noch die Fabelwesen sind in der Lage, umzudenken und sich einander anzunähern. Völlig verwirrt und mit ihren Schulweisheiten am Ende kann Alice diesem Wirrwarr nur dadurch entfliehen, dass Sie auf ihrer Realität besteht und aus dem Traum erwacht.

Mit anderen Worten, Sie sind Alice und die Rechtsanwälte sind Ihre Reiseführer durch das Wunderland des Rechts. Eine Aufgabe der Rechtsanwälte besteht also darin, Ihre Wirklichkeit der Wirklichkeit des Rechts und umgekehrt anzunähern, damit Ihre Reise ins Wunderland des Rechts zu keinem Albtraum wird. Rechtsanwälte müssen deshalb sowohl mit der Welt des Rechts als auch mit Ihrer Welt vertraut sein. Sie sollen Ihnen dabei helfen, Ihr Recht, das Sie haben, auch wirklich zu bekommen.

Als Kenner des Rechts sind Rechtsanwälte aber auch ein Teil dieser Wunderwelt in der sie Ihnen beistehen sollen. Dort thronen vor allen anderen die mächtigen Staatsorgane, die immer wieder versuchten, die Rechtsanwälte in ihrem Sinne zu beeinflussen, ihnen vorzuschreiben, was sie zu tun und zu lassen haben, ihnen den Mund zu verbieten und sie damit an der erfolgreichen Vertretung Ihrer Interessen zu hindern. In einem demokratischen Rechtsstaat sind Rechtsanwälte zwar Organe der Rechtspflege, sind aber vor allem vom Staat unabhängig. Sie haben die Freiheit, den Staat zu kritisieren und auch die den staatlichen Interessen zuwiderlaufenden Interessen zu vertreten.

Eine weitere wichtige Eigenschaft, die von Rechtsanwälten im Spiel des Rechts erwartet wird, ist Loyalität gegenüber ihren Auftraggebern. Und um Ihr Vertrauen gegenüber den Rechtsanwälten als Organen der Rechtspflege zu schützen, hat sich der Spielregelgestalter in einem Rechtsstaat nicht damit begnügt, die Rechtsanwälte anzuweisen, keine widerstreitenden Interessen zu vertreten, sondern behandelt die Vertretung widerstreitender Interessen durch Rechtsanwälte als kriminelle Handlung, die zur Verhängung einer Haftstrafe führen kann.

Und wenn wir schon beim Vertrauen sind, stellt sich zwangsläufig die Frage, wie in einem Rechtsstaat mit Informationen umzugehen ist, die Sie Ihrem Rechtsanwalt anvertrauen. In amerikanischen Krimis hört man oft beiläufig nach spannender und erfolgreicher Verbrecherjagd folgende Belehrung des Beschuldigten durch einen Polizisten, während die Handschellen klicken: *"Sie haben das Recht zu schweigen. Alles, was Sie sagen, kann vor Gericht gegen Sie verwendet werden."*

Ja, im Spiel des Rechts kann alles was Sie sagen, tatsächlich gegen Sie verwendet werden und zwar nicht nur vor Gericht und nicht nur im Bereich des Strafrechts. Das, was Sie allerdings Ihrem Rechtsanwalt anvertrauen, darf in einem demokratischen Rechtsstaat ohne Ihre Zustimmung nicht gegen Sie verwendet werden. Rechtsanwälte sind zur Verschwiegenheit verpflichtet, weshalb sie keiner dazu zwingen darf, als Zeugen gegen ihre Mandanten auszusagen. Außerdem machen sich Rechtsanwälte strafbar, wenn sie gegen ihre Schweigepflicht verstoßen.

Ohne diesen Schutzmechanismus gäbe es kein Vertrauen der Bürger in Rechtsanwälte und damit auch keines in die Rechtsstaatlichkeit. Um seine rechtlichen Interessen wahrnehmen zu können, muss der Bürger seinem Rechtsanwalt alle Informationen erteilen können, ohne fürchten zu müssen, dass er sie verrät.

Nachdem ich Ihnen einen Überblick über Aufgabe, Stellung und Pflichten eines Rechtsanwalts verschafft habe, beauftrage ich Sie, folgende zwei Fälle an meiner Stelle zu übernehmen:

Im ersten Fall sollen Sie einen Vermieter einer Wohnung vertreten, der seine Wohnung an eine Familie mit vier kleinen Kindern vermietet hat. Da die Familie die Miete für diesen Monat einige Tage zu spät bezahlt hat, will der Vermieter sie so schnell wie möglich aus der Wohnung entfernt haben. Im Mietgesetz des betreffenden Landes ist geregelt, dass der Vermieter das Recht hat, die sofortige Herausgabe und Räumung seiner Wohnung zu verlangen, sobald der Mieter sich mit der Zahlung einer Monatsmiete verspätet.

Im zweiten Fall sollen Sie einen 17-jährigen Jungen verteidigen, der sich aufgrund eines vom Haftrichter bestätigten Haftbefehls in Untersuchungshaft befindet, weil er dringend verdächtig ist, in einem Parkhaus ein elfjähriges Mädchen sexuell missbraucht und ermordet zu haben. In der Zeitung steht, dass es ein Überwachungsvideo des Parkhauses gebe, auf dem zur Tatzeit in unmittelbarer Tatortnähe ein junger Mann zu sehen sei. Eine Zeugin habe den verhafteten Jungen auf dem Überwachungsvideo erkannt. Der verdächtige Junge hat kein Alibi, ist nicht geständig und möchte so schnell wie möglich aus dem Gefängnis herauskommen.

An dieser Stelle stellt sich für Sie höchstwahrscheinlich die Frage, ob es gut und gerecht ist, diesen Interessen Ihre Hand zu reichen. Schließlich sollen Sie im ersten Fall eine Familie mit kleinen Kindern nur wegen einer kurzfristigen Zahlungsverzögerung auf die Straße setzen und im zweiten Fall einen mutmaßlichen Sexualverbrecher und Kindsmörder verteidigen.

Um Ihnen ein leidvolles Ringen mit Ihrem Gewissen und die Suche nach Ausreden für die Ablehnung dieser Mandate zu ersparen, möchte ich gleich auf den Punkt kommen. Es ist nicht Aufgabe eines Rechtsanwalts zu urteilen; das ist Aufgabe der Richter. Wenn Sie sich als Rechtsanwalt entscheiden, den Vermieter und den verdächtigen Jungen nicht zu vertreten, weil Sie annehmen, dies sei nicht gut und gerecht, dann fällen Sie ein Urteil.

Sie können sich auch nicht damit herausreden, dass diese Menschen nicht unbedingt von Ihnen vertreten werden müssen, sondern sich einen anderen Anwalt suchen können. Zum einen ändert das nichts daran, dass Sie ein Urteil gefällt haben, und zum anderen haben diese Menschen nur dann eine Alternative, wenn nicht alle so denken wie Sie.

Außerdem können diese Menschen, während ihrer möglicherweise langen Suche nach einem anderen Rechtsanwalt Rechtsverluste erleiden, die nicht wieder gutzumachen sind. Ich denke, Sie sollten froh darüber sein, dass es nicht Aufgabe eines Rechtsanwalts ist, zu urteilen, denn das ist gar nicht so einfach. Um ein gutes und gerechtes Urteil zu fällen, müssen Sie nämlich die Wahrheit kennen.

Die Wahrheit ist aber nicht auf Anhieb zu erkennen. Sie ist so ähnlich, wie das Bild, das Sie in der Wüste am Horizont sehen. Es könnte eine Oase sein, aber auch nur eine Fata Morgana. Um festzustellen, was es tatsächlich ist, müssen Sie auf das Bild zugehen und wenn Sie Pech haben, kann dies eine sehr weite, möglicherweise sogar endlose Reise werden.

Wie würden Sie entscheiden, wenn der Vermieter selbst vier kleine Kinder hat und darauf angewiesen ist, dass die Miete pünktlich eingeht, weil er selbst die Kreditrate für die Wohnung pünktlich zahlen muss, um eine Kündigung seines Kredits zu vermeiden? Würden Sie das Mandat annehmen, wenn Sie wüssten, dass das Mieterehepaar einer Verbrecherbande angehört, die mit Drogen handelt? Würden Sie den des Mordes verdächtigen 17-jährigen Jungen verteidigen, wenn Sie wüssten, dass sein Gesicht auf dem Überwachungsvideo nicht zu erkennen ist? Was wäre, wenn Sie selbst der Vermieter oder der 17-jährige Junge wären? Wären Sie dann auch gegen eine Vertretung durch einen Rechtsanwalt?

Ein „sehr berühmter Anwalt" hat mal eine Frau, die nach seinem und dem allgemeinen damaligen Verständnis Unrecht getan hatte, mit folgenden Worten gegen den klagenden Mob verteidigt: *„Wer unter euch ohne Sünde ist, der Werfe den ersten Stein."* Nachdem er Sie damit vor der Steinigung bewahrt hatte, sagte er zu der Frau: *„Ich verurteile dich auch nicht. Sündige von jetzt an nicht mehr."* Es war Jesus von Nazareth.

Übrigens, der Fall mit dem 17-jährigen Jungen hat sich tatsächlich im Frühjahr des Jahres 2012 in Deutschland ereignet. Nach einem DNA-Test stellte sich heraus, dass nicht der verdächtige 17-Jährige Junge der Täter war, sondern ein anderer 18-jähriger junger Mann, der dann auch die Tat gestand. Die Zeugin, die nur aufgrund seiner Kleidung und seinem Gang geglaubt hatte, den 17-Jährigen Jungen als die Person auf dem Überwachungsvideo erkannt zu haben, hatte sich geirrt.

Damit nicht etwa der falsche Eindruck entsteht, dass Rechtsanwälte selbstlose, barmherzige Samariter seien, muss ich schließlich noch erwähnen, dass sie Unternehmer sind. Ein Unternehmer will Profit machen. Er ist also an möglichst gut dotierten Fällen und an solventen Mandanten interessiert. Wenn Sie arm sind und sich Ihr Fall nicht rechnet, kann es Ihnen daher passieren, dass Sie nur sehr schwer einen Rechtsanwalt finden. Der sogenannte „Pro-bono-Anwalt", der kostenlos für Sie tätig wird, ist die absolute Ausnahme.

In demokratischen Rechtsstaaten gibt es zwar Instrumente, wie z.B. die staatliche Prozesskostenhilfe oder die Pflichtverteidigung im Strafrecht, welche beim Zugang zum Recht für Chancengleichheit sorgen sollen, dies aber tatsächlich kaum leisten können, weil sie eine erheblich schlechtere Bezahlung der Rechtsanwälte vorsehen als im Normalfall. Eine weitere Möglichkeit bieten durchaus erschwingliche private Rechtsschutzversicherungen, die allerdings nicht alle Fälle abdecken und immer teurer werden, je mehr sie abdecken.

Was es konkret bedeutet, dass Rechtsanwälte Unternehmer sind, möchte ich Ihnen anhand zweier Anekdoten zeigen. Ich habe mal an einem Seminar eines Strafverteidigers teilgenommen, der uns Teilnehmern erzählte, dass ihm ein potentieller Mandant, den er zwecks Mandatsübernahme im Untersuchungsgefängnis besuchte, versicherte, kein Geld zu haben, um ihn zu bezahlen. Daraufhin erzählte ihm der Strafverteidiger, dass er aus dem Gefängnis herauskommen könne, wenn er eine Kaution zahle, woraufhin sich der Häftling plötzlich an diverse Geldquellen zur Finanzierung der Kaution erinnerte. So hatte er sich verraten und konnte dem Strafverteidiger dessen Honorarforderung nicht mehr abschlagen.

Oder wissen Sie warum in klassischen Anwaltsroben kleine Seitentaschen eingenäht sind? Früher legten die Mandanten dort das Geld für den Anwalt hinein. Sobald der Anwalt während seiner Rede vor Gericht aber bemerkte, dass keine weitere Münze mehr in die Tasche fiel, hörte er einfach auf zu reden, bis er die nächste Münze verspürte.

Ihr Ticket ins Wunderland des Rechts samt Reiseführer muss also finanziert werden. Deshalb müssen Sie sich vorsorglich um die Finanzierung Ihres Rechts kümmern, damit Sie eine Chance haben, es zu bekommen.

Grundregel 7

Sorgen Sie finanziell für Ihr Recht vor.

6. Medien

„Die öffentliche Meinung ist dem Gesetz stets voraus."

(John Galsworthy)

Medien, wie das Fernsehen, das Radio, die Zeitungen und heutzutage vor allem das Internet erreichen innerhalb kürzester Zeit sehr viele Menschen. Über sie werden Informationen und Gedanken verbreitet, die sich in den Köpfen vieler Menschen festsetzen können. Wer also möglichst viele Menschen für sich oder seine Sache einnehmen will, versucht die öffentliche Meinung durch die Verbreitung seiner Informationen und Gedanken in den Medien zu beeinflussen. Diktaturen sind insbesondere dadurch gekennzeichnet, dass der Staat alle Medien in der Hand hat und als sein Sprachrohr benutzt, während dagegen die Freiheit und Unabhängigkeit der Medien in demokratischen Rechtsstaaten verfassungsrechtlich geschützt sind.

Als Garant der freien Meinungsbildung üben die Medien in demokratischen Rechtsstaaten unter anderem eine wichtige Kontrollfunktion im Verhältnis zur staatlichen Macht aus. Sie informieren die Bürger über Missstände und haben damit indirekten Einfluss auf die Macht der Mehrheit. Deshalb werden die Medien oft treffend als die "vierte Gewalt" im Staate bezeichnet.

Die verfassungsrechtlich geschützte Freiheit und Unabhängigkeit der Medien führt aber nicht etwa dazu, dass es in demokratischen Rechtsstaaten keinerlei Einflussnahmen auf die Medien gibt. Ihre Ausrichtung und ihr Inhalt werden durch die jeweiligen Eigentümer, seien es öffentlich-rechtliche oder private, bestimmt.

Wer die Berichterstattung in verschiedenen Medien aufmerksam verfolgt, wird zum Beispiel schnell merken, welche Medien eher konservativ und welche eher liberal eingestellt sind, welche Medien vordergründig geschäftliche Interessen verfolgen und welche die seriöse Berichterstattung bevorzugen. Und die Journalisten, welche die Inhalte verfassen und verbreiten, sind auch nur Menschen, die aufgrund ihrer politischen Positionen, finanziellen Abhängigkeiten und persönlichen Beziehungen ebenfalls gewissen Einflüssen ausgesetzt sind.

Während die klassischen Medien Zeitung, Rundfunk und Fernsehen das zu publizierende Material vor seiner Veröffentlichung in der Regel journalistisch überprüfen und selektieren, können heutzutage Informationen und Gedanken in demokratischen Rechtsstaaten innerhalb kürzester Zeit und mit minimalem Aufwand über das Internet ungefiltert von jedem verbreitet werden und Millionen von Menschen auf der ganzen Welt erreichen.

Dies ist durchaus ein Gewinn für die Demokratie, da damit die Herrschaft über die massenhafte Verbreitung von Information nicht mehr nur in den Händen mächtiger öffentlich-rechtlicher Anstalten oder privater Unternehmen, sondern nun auch in der Hand des Volkes liegt, von dem bekanntlich alle Herrschaft ausgeht. Anderseits kann auf diesem Wege unreflektiert allerlei Blödsinn und auch viel Schädliches verbreitet werden; das ist aber bei den klassischen Medien trotz oder gerade wegen der Selektion der Information nicht ausgeschlossen.

Um Ihnen zu veranschaulichen, welche Wirkung die Medien im Spiel des Rechts entfalten können, greife ich noch einmal den oben beschriebenen Fall des 17-jährigen zu Unrecht des Sexualmordes verdächtigten Jungen auf. Nachdem die Staatsanwaltschaft in diesem brisanten Fall der Öffentlichkeit über die Medien schnell den 17-jährigen Jungen als verhafteten dringend Tatverdächtigen präsentierte, war es eine Stimme aus dem Volk, die dies aufgriff und über ein soziales Netzwerk im Internet ungeahnte Wirkungen entfaltete. Dort rief nämlich ein 18-Jähriger dazu auf, die Polizeidienststelle zu stürmen, um den verdächtigen Jungen totzuschlagen. Diesem Aufruf folgten dann tatsächlich viele Menschen; sie versammelten sich vor der Polizeiwache und forderten die Auslieferung des unschuldigen 17-Jährigen, der gerade von der Polizei vernommen wurde.

Ich kann mir gut vorstellen, dass der 17-jährige Junge angesichts dieser medialen Wirkungen, im Zwiespalt darüber war, ob er sich über seine spätere Freilassung freuen oder lieber im Polizeigewahrsam bleiben sollte. Er hatte das Glück, dass er im weiteren Verlauf nicht nur juristisch, sondern auch medial rehabilitiert wurde, so dass sich die öffentliche Meinung zu seinen Gunsten umkehrte. Wäre er nur juristisch rehabilitiert worden, wäre er höchstwahrscheinlich in den Köpfen vieler Menschen immer noch der Täter geblieben.

In Fällen von öffentlichem Interesse spielen die Medien bei der Wahrnehmung Ihrer rechtlichen Interessen also eine enorme Rolle. Was nützt Ihnen ein juristischer Sieg, wenn Sie die öffentliche Meinung gegen sich haben? Gerade für große Unternehmen kann ein Imageverlust zu erheblichen finanziellen Einbußen führen, etwa wenn sich wegen der schlechten Schlagzeilen viele Kunden von ihm abwenden.

In der emotional dominierten medialen Wahrnehmung gibt es im Grunde nur vier Kategorien von Personen, nämlich die Guten, die Bösen, die Lächerlichen und die Unsichtbaren. Wenn Sie bei der Wahrnehmung Ihrer rechtlichen Interessen medial sichtbar werden, dann müssen Sie entweder dafür sorgen, dass Sie als der Gute dargestellt werden, und wenn das nicht geht, daran arbeiten, dass so schnell wie möglich Gras über Ihre Sache wächst und Sie wieder unsichtbar werden. Sollten Sie allerdings von der medialen Berichterstattung profitieren, weil Sie dort als der Gute dargestellt werden, kann Ihnen die mediale Begleitung Ihres Falles auch juristisch sehr nützlich sein, indem sich z.B. die Gegenseite trotz stärkerer juristischer Position dem öffentlichen Druck beugt und nachgibt.

Im Umgang mit den Medien muss man sich aber dessen bewusst sein, dass man sich auf ein sehr riskantes Spiel mit ganz eigenen Regeln einlässt, bei dem ein falscher Schritt oder ein falsches Wort dazu führen können, dass man in der medialen Wahrnehmung vom Helden zum Schurken oder zur Lachnummer mutiert.

IV. Die Einstellung

„Glück ist kein Geschenk der Götter, sondern eine Frucht der inneren Einstellung."

(Erich Fromm)

1. Wachsamkeit

„Ewige Wachsamkeit ist der Preis ewiger Freiheit."

(Thomas Jefferson)

Die Wunderwelt des Rechts ist allgegenwärtig. Sie können jederzeit in sie eintauchen, ob Sie wollen oder nicht. Mit jedem Geschehen, jeder Handlung oder Unterlassung kann das Spiel des Rechts eröffnet werden. Selbst, wenn Sie noch nicht auf der Welt oder bereits tot sind, können Sie Teil des Spiels sein.

Bereits mit Ihrer Zeugung kann sich für Sie ein existenzieller Rechtsstreit darüber ergeben, ab welchem Zeitpunkt Ihrer embryonalen Entwicklung Sie als ein schützenswertes menschliches Wesen anzusehen sind. Dabei kann z.B. entschieden werden, ob und wann Sie aus welchem Grund abgetrieben werden dürfen. Und das ist heutzutage nicht Ihr erster möglicher Prozess. Der kann nämlich im Zeitalter der Genetik bereits vor Ihrer Zeugung beginnen, nämlich mit der Planung Ihrer Existenz. Hier kann entschieden werden, ob, wie und aus welchem Grund Sie nach bestimmten Vorstellungen genetisch kreiert werden dürfen. Im Falle Ihres Todes bleiben Sie im Spiel, weil sich dann z.B. die

Rechtsfragen stellen, ob Ihnen Ihre Organe entnommen werden dürfen und wer Ihren Nachlass erbt.

Zu Beginn und in der Frühphase Ihrer Existenz können Sie noch kein selbstständiger Akteur im Spiel des Rechts sein, weil Sie zu der Zeit körperlich und geistig noch nicht so weit entwickelt sind, um eigenverantwortlich mitspielen zu können. Deshalb werden Sie z.B. als Minderjähriger von Ihren Eltern gesetzlich vertreten und sind als kleines Kind noch nicht für unerlaubte Handlungen verantwortlich.

Mit zunehmendem Alter und der damit normalerweise einhergehenden körperlichen und geistigen Weiterentwicklung steigt Ihr Spielerstatus an bis hin zum in jeder Hinsicht voll handlungsfähigen und verantwortlichen Spieler. Sobald Sie als Erwachsener den höchsten Spielerstatus erreicht haben und solange Sie ihn nicht aufgrund einer die freie Willensbildung ausschließenden krankhaften Störung Ihrer Geistestätigkeit verlieren, können Sie im Spiel des Rechts keine Nachsicht erwarten. Sie können sich dann z.B. durch eine Unterschrift unter einen Vertrag hoch verschulden und dadurch Ihr Hab und Gut verlieren oder im Falle einer schweren Straftat ins Gefängnis kommen und dafür in manchen Ländern sogar hingerichtet werden.

Es gibt zwar die Möglichkeit, Spielrisiken durch Abschluss von Versicherungen zu minimieren. Ein Beispiel dafür ist die Haftpflichtversicherung für Schäden, die Sie anderen zufügen. Mit Versicherungen lassen sich aber keine vorsätzlichen, sondern nur fahrlässige Handlungen absichern und bei weitem nicht alle fahrlässigen. Wenn Sie z.B. ungeprüft einen nachteiligen Vertrag unterschreiben, wird keine Versicherung der Welt die sich daraus ergebende vertragliche Verpflichtung für Sie erfüllen, auch wenn Sie nur fahrlässig gehandelt haben. Und selbst wenn eine Versicherung im konkreten Fall greift, bedeutet das noch nicht, dass Sie sich zurücklehnen können. Denn dann wird ein neues Spiel eröffnet, nämlich das versicherungsrechtliche Spiel zwischen Ihnen und Ihrer Versicherung, in dem entschieden wird, ob Ihre Versicherung tatsächlich vertraglich verpflichtet ist, für den von Ihnen verursachten Schaden einzutreten.

Sie sehen daran auch, dass Sie durch eine Aktion manchmal gleich mehrere Spiele des Rechts mit unterschiedlichen Regeln auslösen können. Wenn Sie z.B. betrunken Auto fahren und dabei einen Unfall verursachen, haben Sie mit einem Schlag gleich drei Spiele eröffnet, nämlich das Spiel des Strafrechts, das Spiel des Schadensersatzrechts und das Spiel des Versicherungsrechts.

Eine wichtige Aufgabe im Rahmen Ihrer Möglichkeiten als voll verantwortlicher Spieler ist es, ein Gefühl dafür zu entwickeln, wann das Spiel des Rechts beginnt. Denn wer nicht erkennt, dass das Spiel bereits begonnen hat, kann es nicht steuern und ist den anderen Spielern ausgeliefert. Nehmen wir als drastisches Bespiel einen Boxer, der gegen den Weltmeister im Schwergewicht antritt. Wenn er den Gong nicht hört und deshalb ohne Deckung dasteht, wird er höchstwahrscheinlich gleich schwer K.o. geschlagen. Das Spiel des Rechts wird aber nicht wie ein Boxkampf mit einem lauten Gong eingeläutet, sondern beginnt eher beiläufig und geräuscharm aus dem alltäglichen Leben heraus, weshalb sein Beginn nicht immer so einfach zu erkennen ist.

Wenn Sie z.B. heiraten und ein Kind zeugen, dann ist das ein Grund zum Feiern, gleichzeitig eröffnen Sie damit aber auch das Spiel das Familienrechts; wenn Sie an einem schönen Sommertag in Ihr Cabrio steigen, Ihre Lieblingsmusik aufdrehen und losfahren, dann ist das bestimmt ein gutes Gefühl, dadurch läuten Sie aber auch das Spiel des Straßenverkehrsrechts ein; wenn Sie sich voller Hoffnung um Ihren Traumjob bewerben, dann ist das nicht nur ein wichtiger Schritt in Ihrem Leben, sondern der Beginn des Spiels des Arbeitsrechts u.s.w.

Es gibt leider keine allgemeingültige Faustregel, mit Hilfe derer Sie erkennen könnten, wann das Spiel des Rechts beginnt. Sie können sich dem nur mit Ihrem mehr oder weniger ausgeprägten Rechtsgefühl nähern. Sobald Sie das Gefühl haben, dass Ihr Verhalten oder das Verhalten eines anderen eine Rechtsfolge für Sie haben könnte, sollte ein imaginärer Gong in Ihnen ertönen, der Sie zur Wachsamkeit mahnt.

Wenn Sie beispielsweise ein Freund anruft, um sich mit Ihnen auf ein Bier zu verabreden, dann wird Ihnen Ihr Gefühl sagen, dass Ihre Zustimmung keine rechtliche Verbindlichkeit zum Erscheinen auslösen kann, sondern nur Ihre soziale Verpflichtung aus Respekt gegenüber Ihrem Freund. Wenn Sie dagegen Ihr Freund anruft, um Ihnen sein gebrauchtes Auto zu cinem bestimmten Preis zum Kauf anzubieten, dann sollte Ihnen Ihr Gefühl sagen, dass Ihre Zustimmung

Sie rechtlich zur Zahlung des Kaufpreises verpflichten kann.

Und wenn ein Spiel einmal angefangen hat und Sie dies erkannt haben, dann sollten Sie sich bewusst sein, dass es jeder Beteiligte gewinnen will oder haben Sie schon einmal in einem Wettbewerb ein Spiel gegen einen Spieler gespielt, der nicht gewinnen wollte?

Im oben beschriebenen Beispiel der Trunkenheitsfahrt mit Unfall werden Polizei und Staatsanwaltschaft alles dafür tun, um Ihnen die betreffende Straftat nachzuweisen und für Ihre Verurteilung sorgen. Der Unfallgegner wird alles dafür tun, um möglichst viel Schadensersatz von Ihnen bzw. Ihrer Versicherung zu bekommen und Ihre Versicherung wird nach Wegen suchen, ihrer Eintrittspflicht zu entgehen oder diese zumindest so weit wie möglich zu reduzieren.

Jeder der Spieler wird sich im Recht sehen und eine Begründung dafür geben, warum er den Sieg verdient. Und selbst wenn Sie auf einen Spieler treffen, der keinen Siegeswillen hat, müssen Sie sich darauf einstellen, dass es Berater oder Personen in seinem Umfeld geben kann, die ihm den Siegeswillen einhauchen.

Ich möchte Sie mit all dem keineswegs dazu veranlassen, verkrampft und ängstlich durchs Leben zu gehen und alle als Gegner zu betrachten, sondern dazu anregen, die notwendige Sensibilität für den Spielbeginn und das natürliche Gewinnstreben der anderen Spieler zu entwickeln, damit Sie nicht ohne Deckung dastehen, wenn das Spiel losgeht. Sie sollen also keinesfalls eine feindselige Einstellung entwickeln, sondern es eher sportlich sehen, wie z.B. ein Tennisspieler, der daran Freude hat, sich mit anderen Spielern zu messen, die gegen ihn gewinnen wollen und diesen spielbereit und respektvoll begegnet.

Grundregel 8

Seien Sie wachsam und stellen Sie sich darauf ein, dass alle anderen gewinnen wollen.

---

2. Interessenverfolgung

„Es ist besser, für etwas zu kämpfen als gegen etwas."

(Amos Bronson Alcott)

„Wir haben weder ewige Verbündete noch ewige Feinde. Wir haben nur dauerhafte Interessen."

(Gaius Iulius Caesar)

Auf der juristischen Bühne steht der Konflikt im Fokus der Aufmerksamkeit. Dabei treten Kontrahenten mit gegensätzlichen rechtlichen Interessen gegeneinander an. Und wie bei allen zwischenmenschlichen Konflikten kommt es auch bei einem Rechtskonflikt häufig vor, dass ihn die Beteiligten persönlich nehmen und sich voller Zorn gegenseitig bekämpfen.

Bei genauerem Hinsehen erkennt man zudem, dass viele rechtliche Konflikte aus menschlichen Konflikten heraus entstehen, die dann mit Herzblut in der juristischen Arena ausgetragen werden. Dabei erzeugen die Akteure Feindbilder in ihren Köpfen, die ihren Blick auf ihre eigentlichen Interessen vernebeln. Es findet ein Machtspiel statt, bei dem es nur noch darum geht, den Gegner zu schlagen und wenn er am Boden liegt, noch nachzutreten. Und alle, die sich dem in den Weg stellen, werden ebenfalls als Feinde angesehen und bekämpft. Und diesen Krieg verkauft man dann als Kampf gegen die personifizierte Ungerechtigkeit.

Diese Spielweise kann für den unbeteiligten Beobachter durchaus unterhaltsam sein und für viel Spannung und spektakuläre Momente sorgen, ist aber für die Akteure sehr energieraubend und verlustreich. Selbst ein Triumph bei einer derartigen Eskalation trägt die Saat der Niederlage in sich, da die Feindschaft über den Fall hinaus bestehen bleibt und es nur eine Frage der Zeit ist, bis man selbst ein Opfer dieser Feindseeligkeit wird. König Pyrrhus von Epirus, der die Römer 279 v. Chr. in der Schlacht von Ascolum besiegte, soll seinen Sieg mit folgendem bemerkenswerten Satz kommentiert haben: *„Noch so ein Sieg, und wir sind verloren!"*

Die hohe Kunst im Spiel des Rechts ist eine ganz andere. Dabei geht es vielmehr darum, Widerstände zu vermeiden bzw. ihnen gegebenenfalls den Wind aus den Segeln zu nehmen, andere von seinem Recht zu überzeugen und für sich einzunehmen, Lücken zu sehen und zu nutzen sowie Hindernissen auszuweichen.

Nehmen wir an, dass Sie dringend eine behördliche Genehmigung für etwas benötigen und deshalb bei dem zuständigen Beamten vorsprechen. Nachdem er sich Ihr Anliegen angehört hat, drückt er Ihnen ein zehnseitiges Formular mit 100 Fragen und eine Liste von Dokumenten in die Hand, die er für die Bearbeitung des Antrags benötigt.

Wenn Sie sich jetzt über den Beamten und seine Bürokratie ärgern, diesen beschimpfen und ihm eine Dienstaufsichtsbeschwerde androhen, falls er nicht auf diesen bürokratischen Unsinn verzichtet, bauen Sie einen Widerstand gegen sich und Ihre Sache auf. Der Beamte wird auf diesen Angriff nämlich höchstwahrscheinlich nicht nur mit einer Blockadehaltung, sondern mit einem Gegenangriff reagieren. Er wird gegen Sie eine Strafanzeige wegen Beleidigung und Nötigung erstatten und wird nach Wegen und Begründungen suchen, den Antrag abzulehnen oder zumindest zu verzögern, was Sie wiederum zu weiteren zornigen Gegenangriffen provozieren könnte.

Um den Widerstand des Beamten zu vermeiden, sollten Sie sich stattdessen bei dem Beamten für die Information über die Genehmigungserfordernisse bedanken und dafür sorgen, dass ihm die Unterlagen so schnell wie möglich ordentlich ausgefüllt und vollständig übergeben werden, damit er den Antrag problemlos positiv bescheiden kann und Sie so zu Ihrem Recht kommen.

Es gibt aber auch Situationen, in denen Sie auf Widerstände treffen, die Sie nicht provoziert haben. Nehmen wir an, Sie hätten jemandem ein in üblicher Höhe verzinstes Darlehen gewährt und in dem Vertrag einen bestimmten Termin zur Rückzahlung des Darlehens vereinbart. Da Ihnen das Darlehen am vereinbarten Termin nicht zurückgezahlt wird, schreiben Sie dem Schuldner einen höflichen Brief, in welchem Sie ihn an den vereinbarten Rückzahlungstermin erinnern und zur Rückzahlung des Darlehens nebst Zinsen auffordern. Daraufhin erhalten Sie einen wütenden Anruf des Schuldners, der Sie als Halsabschneider und herzlosen Menschen beschimpft, sich über die viel zu kurze Rückzahlungsfrist sowie die seiner Ansicht nach viel zu hohen Zinsen beschwert und die Rückzahlung verweigert.

Es wäre nur allzu verständlich, wenn Sie sich jetzt wahnsinnig über den Schuldner ärgern, der sich bei Abschluss des Vertrages, als er das Geld brauchte, überhaupt nicht über die Konditionen beschwerte, sondern erst nachdem er das Geld bereits bekommen hatte. Hätten Sie das gewusst, dann hätten Sie ihm das Geld nie gegeben. Wenn Sie nun zurückschlagen und den Schuldner als Betrüger beschimpfen und ihm Prügel androhen, falls er Ihnen das Geld nicht sofort zurückzahlt, wird sich der Schuldner höchstwahrscheinlich in seinem Schützengraben verschanzen und darin in Verteidigungshaltung auf Sie lauern, außerdem würden Sie sich dadurch strafbar und somit auch angreifbar machen.

Auch hier heißt es daher Ruhe bewahren und das Problem von der persönlichen Ebene auf die sachlich kooperative Ebene verlagern, um dem Widerstand den Wind aus den Segeln zu nehmen. Sie könnten den Schuldner z.B. danach fragen, warum er das Darlehen jetzt nicht zurückzahlen kann, in welcher Höhe er eine Teilzahlung leisten könne und welche Zinsen er denn für angemessen halte. Dadurch zeigen Sie dem Schuldner Ihr Interesse an seiner Lage und seinen Beweggründen, entschärfen damit seine Aggressionen gegen Sie und erhöhen damit die Chance einer freiwilligen Rückzahlung des Darlehens.

Was es bedeutet, Lücken zu sehen und zu nutzen, zeigt der Fall dreier Studenten, die in Deutschland ein preisgünstiges Linienbusunternehmen im Fernverkehr betreiben wollten. Als sie sich über die Genehmigungserfordernisse informierten, erfuhren sie, dass es in Deutschland ein Personenbeförderungsgesetz gibt, welches ihnen neben den bestehenden Fernverkehrsverbindungen der Bahn nur dann den Betrieb einer Fernbuslinie erlaubt, wenn sie dadurch eine (praktisch kaum mögliche) „deutliche Verbesserung" des Verkehrsangebots bewirken. Anstatt nun mit Schaum vor dem Mund die Bahn und den Gesetzgeber wegen dieser Regelung zu bekämpfen, suchten und fanden sie eine Lücke und nutzten sie. Sie meldeten nicht den Betrieb eines regelmäßigen Fernbuslinienverkehrs an, sondern eine Busmitfahrzentrale.

Über das Internet konnten die Kunden bei ihnen einen Bus mieten, den sie dann sozusagen in eigener Regie zusammen mit einer Mindestanzahl anderer Kunden für eine Gruppenreise im Fernverkehr nutzen konnten. Die Busse fuhren also nicht nach einem vom Unternehmen festgelegten Plan regelmäßig, sondern nur dann, wenn eine Gruppe von Kunden dies wollte. Die behördliche Genehmigung dafür bekamen die Unternehmer auf Anhieb. Die zu erwartende gerichtliche Klage der Bahn gegen ihre Busmitfahrzentrale scheiterte.

Sicherlich wird es auch Fälle geben, in denen Sie trotz besonnenen Vorgehens verlieren, während die unverschämte Gegenseite gewinnt. Denken Sie aber daran, dass noch niemand jemals eine Schachpartie durch wütende Betrachtung des Gegners gewonnen hat, sondern nur durch Konzentration auf das Schachbrett und kluge Züge.

Sobald in Ihnen das Bild einer beteiligten Person in einer rechtlichen Angelegenheit Wut und Ärger erzeugt, sollten bei Ihnen die Alarmglocken läuten.

Wenn Sie sich im Spiel des Rechts innerlich mit Personen befassen, dann bitte nur, um herauszufinden, wie Sie diese auf legalem Weg dazu bringen können, in Ihrem Sinne zu handeln oder zu entscheiden.

> Grundregel 9
>
> **Kämpfen Sie nicht gegen andere, sondern setzen Sie sich für Ihr Recht ein.**

In juristischen Auseinandersetzungen stecken aber häufig nicht nur explosive persönliche Konflikte, sondern auch scheinbar unvereinbare sachliche Positionen, die zu Grabenkämpfen führen. Das sind die sogenannten Entweder-Oder-Konstellationen. Entweder ist der eine oder der andere im Recht. Beide verschanzen sich dann in ihren Positionen und führen einen Stellungskrieg. Einmal eingenommene Positionen werden aus Prinzip auch dann noch bis aufs Blut verteidigt, wenn Sie sich als unvernünftig oder sogar als schädlich erwiesen haben.

Zur Veranschaulichung dieses Problems verwende ich zugegeben wieder ein etwas drastisches Beispiel eines Fußgängers, der bei Grün über die Straße läuft. In der Mitte der Fahrbahn angekommen, sieht er ein Auto ungebremst auf sich zufahren. Er sagt sich: „Ich habe grünes Licht, also bin ich im Recht. Wenn ich grünes Licht habe, dann hat der Autofahrer rotes Licht, ist also im Unrecht." In der Gewissheit, dass der Autofahrer im Unrecht ist, bleibt er wild gestikulierend und schimpfend stehen und pocht auf sein Recht. Es kommt, wie es kommen muss; er wird vom Auto überfahren. Was er nicht wusste, beim Auto haben die Bremsen versagt. Und was noch viel tragischer ist; er hat vor lauter Rechthaberei vergessen, dass sein eigentliches Interesse darin bestand, auf die andere Straßenseite zu gelangen.

Übertragen auf den oben beschriebenen Darlehensfall wäre die Position des Gläubigers die sofortige vollständige Rückforderung des Darlehens einschließlich der vereinbarten Zinsen. Da sich der Gläubiger bei Abschluss des Vertrages vom Schuldner aber keine Sicherheiten (z.B. ein verwertbares Pfand) hat geben lassen, müsste er den Schuldner vor Gericht verklagen, wenn dieser die sofortige Rückzahlung verweigert, und für diesen Prozess weiteres Geld ausgeben. Bis er auf diesem Wege einen Vollstreckungstitel bekäme, könnte es sehr lange dauern und in der Zwischenzeit könnte der Schuldner seine Zahlungsfähigkeit einbüßen.

Beharrt der Gläubiger auf seiner Position, gefährdet er daher sein Interesse, sein Geld wiederzubekommen. Wenn er vernünftig ist, wird er also nach einem Weg suchen, sein Interesse zu sichern, indem er dem Schuldner z.B. einen Zahlungsaufschub ggf. mit dem kleinen Bonus einer Zinsreduzierung in Aussicht stellt, wenn dieser ihm im Gegenzug eine werthaltige Sicherheit gewährt. Denn wenn er eine Sicherheit im Wert seiner Forderung bekäme, müsste er keinen Prozess führen und den Forderungsausfall nicht mehr fürchten.

Auch der Busunternehmerfall macht den Unterschied zwischen Position und Interesse deutlich. Die Unternehmer hätten auf der Position beharren können, dass ihnen der regelmäßige Betrieb einer Fernbuslinie neben den bestehenden Fernverkehrsverbindungen der Bahn erlaubt werden müsse, auch wenn dies keine „deutliche Verbesserung" des Verkehrsangebots bewirkt hätte. Dies hätten sie verfassungsrechtlich gut und wahrscheinlich auch erfolgreich begründen können. Dann wäre ihnen aber die Genehmigung des Betriebes unter formal korrekter Anwendung des Gesetzes zunächst versagt worden, wogegen sie sehr wahrscheinlich mehrere Jahre hätten ankämpfen müssen. Ihr Interesse war es aber, möglichst schnell ihr Fernbusunternehmen zu eröffnen, um damit Geld zu verdienen. Also konzentrierten sie sich nicht auf ihre Position, sondern auf ihr Interesse und eröffneten stattdessen eine Busmitfahrzentrale.

Bei der Wahrnehmung von Rechten wird häufig von Durchsetzung, Beharrlichkeit und Hartnäckigkeit gesprochen. Diese Begriffe suggerieren geradezu einen Kampf gegen andere und um Positionen. Sie sollten sich von den damit verbundenen Bildern lösen und sich stattdessen zielstrebig, ausdauernd aber auch mit der nötigen Flexibilität für die Verwirklichung Ihrer Interessen einsetzen.

Grundregel 10

Beharren Sie nicht auf Positionen, sondern verfolgen Sie gezielt Ihre Interessen.

V. Die Grundtechniken

1. Wahrnehmung

„Klugheit ist die Kunst, zu erkennen, was man übersehen muss."

(William James)

Viele rechtliche Interessen scheitern nicht an der Unkenntnis oder am Unvermögen, sondern schlicht an der mangelnden sinnlichen Wahrnehmung. Professionelle Spieler des Rechts wissen dies und nutzen es gnadenlos aus, um zu gewinnen.

Wir Menschen nehmen nur das bewusst wahr, worauf unsere Aufmerksamkeit gerichtet ist. Wenn ich also ein Interesse daran habe, etwas vor Ihnen zu verbergen, werde ich versuchen, Ihre Aufmerksamkeit auf etwas anderes zu lenken. Genau so machen es die Zauberkünstler. Sie übernehmen durch geschickte Manipulation das Kommando über Ihr Bewusstsein und lenken es dorthin, wo nichts Wesentliches geschieht, damit sie etwas an anderer Stelle verschwinden oder erscheinen lassen können. So gelingt es einem Zauberer z.B., einem erwachsenen Menschen bei vollem Bewusstsein unbemerkt die Uhr vom Handgelenk zu nehmen.

Das klassische Beispiel dafür im Spiel des Rechts ist das sogenannte Kleingedruckte. Nehmen wir an, ich vermittle Mobilfunkverträge für Anbieter von Telekommunikationsdiensten, die daran interessiert sind, langfristige Verträge mit vergleichsweise hohen Gebühren zu vertreiben. Um Sie zum Abschluss eines solchen Mobilfunkvertrages zu animieren und damit meine Provision zu verdienen, biete ich Ihnen z. B. ein aktuelles Mobiltelefon einer bekannten Marke gratis an, das ich zu einem sehr günstigen Einkaufspreis erwerbe. Das Angebot gestalte ich im Internet wie folgt:

Als Überschrift verwende ich in grell farbigen Großbuchstaben den Namen des **Markentelefon**s mit Bild und dem Zusatz **gratis!**, hebe seinen **Wert** von **240,- €** und seine **vielfältige**n **Funktionen** hervor. Gleich darunter setze ich einen ebenfalls grellfarbigen hervorgehobenen Link zur **Bestellung** zum **Preis** von **0,- €**.

Die weiteren wesentlichen Konditionen dieses Angebots, die ich Ihrer Aufmerksamkeit entziehen will, setze ich etwas weiter nach unten in kleiner schwarzer Schrift auf weißem Untergrund. Dort steht, dass das Angebot nur in Verbindung mit einem Mobilfunkvertrag gilt. Dieser hat eine Laufzeit von mindestens zwei Jahren bei einer Grundgebühr von 20,- € monatlich und einer Gesprächsgebühr von 2,- € pro Minute.

Es ist aber nicht nur das Kleingedruckte, das ich Ihrer Wahrnehmung entziehen kann. Auch durch geschickte Anordnung der Wörter in einem Satz, kann ich Ihre Wahrnehmung lenken. Nehmen wir an, ich vermittle Beteiligungen an einem Investmentfonds. Um Sie für eine Beteiligung zu gewinnen, beschreibe ich das Angebot wie folgt:

Top Rendite von 10 %
und mehr möglich!

Haben Sie das so verstanden, dass Ihnen mindestens 10 % Rendite versprochen werden? Wenn ja, dann liegen Sie falsch. Denn die Aussage ist so zu verstehen, dass Ihnen weder 10 % noch mehr versprochen werden.

Das Missverständnis wird dadurch hervorgerufen, dass das Wort „möglich" eine Zeile tiefer am Satzende und nicht am Satzanfang steht und gleich im Anschluss an das Wort „mehr". Dadurch entsteht der optische Eindruck, dass das Wort „möglich" keinen Zusammenhang mit den Worten „Top Rendite von 10 %", sondern nur mit dem Wort „mehr" hat, so dass man auf den ersten Blick zur Annahme kommen kann, die 10 % seien sicher und nur das „mehr" sei unsicher.

Das unscheinbare Wort „und", welches sowohl die „Top Rendite von 10 %" als auch das Wort „mehr" mit dem Wort „möglich" verbindet, gerät dabei leicht aus dem Fokus Ihrer Aufmerksamkeit. Hätte ich das Angebot mit folgender Satzkonstruktion beschrieben:

Mögliche Top Rendite von 10 % und mehr!,

dann hätte dies wohl keiner als Versprechen einer Mindestrendite gewertet, da ich bereits am Satzanfang klarstelle, dass alles, was folgt, nur möglich ist, also kein Versprechen sein kann.

Neben der Ablenkung gibt es noch die Methode der Ausschaltung Ihrer Wahrnehmung.

Dies kann ich z.B. bereits dadurch erreichen, dass ich die Bedingungen eines Vertrages auf seiner Rückseite abdrucke und auf der Vorderseite auf diese umseitigen Bedingungen verweise. In diesem Fall müssen Sie also das Blatt umdrehen, um die Bedingungen wahrzunehmen. Wer das nicht tut, und das sind erfahrungsgemäß nicht wenige, wird die Bedingungen nicht sehen. Oder ich hänge die Bedingungen in meinen Geschäftsräumen aus und verweise im Vertrag auf diesen Aushang. Wer nun zu bequem ist, aufzustehen, um sich die Bedingungen durchzulesen, wird sie auch nicht sehen.

Ein weiteres Mittel zur Ausschaltung Ihrer Wahrnehmung ist die Überflutung mit Sinneseindrücken. Um Sie davon abzuhalten, die für Sie ungünstigen Vertragsbedingungen zu lesen, kann ich z.B. einen Vertrag aufblähen. Anstatt ihn auf nur wenigen Seiten übersichtlich und kurz zu fassen, lege ich Ihnen ein 50-seitiges Vertragswerk mit vielen überflüssigen Ausführungen vor, um Sie mit der sorgfältigen Durchsicht zu überfordern. So kann es mir gelingen, die für Sie ungünstigen Bedingungen auf Seite 33 und 39 vor Ihnen zu verbergen.

Ich kann Sie außerdem von der Wahrnehmung abhalten, indem ich das Wahrnehmungsobjekt ersetze. Nehmen wir an, dass ich damit beauftragt bin, Ihnen ein sanierungsbedürftiges Ferienhaus in schlechter Lage auf einer Ferieninsel zu verkaufen. Anstatt Ihnen das Haus vor Ort zu zeigen, lege ich Ihnen Bilder des Hauses vor, welche aus einer Perspektive aufgenommen sind, die das Haus in einem positiven Licht erscheinen lassen und spiele Ihnen dazu noch ein Video von den besten Plätzen auf der Insel vor.

Wenn Sie sich nun mit der Wahrnehmung dieser Bilder begnügen, anstatt sich das Haus und seine Lage vor Ort anzusehen, habe ich mein Ziel erreicht.

Außer der Ablenkung und Ausschaltung Ihrer Wahrnehmung gibt es noch das Mittel des Vertrauensschleiers, mit dem ich Ihre Sinne bedecken kann. Ich habe einen akademischen Titel, arbeite für ein großes Unternehmen, bin sehr freundlich, habe eine sehr gepflegte äußere Erscheinung, bin gut gekleidet, habe eine wohlklingende Stimme und komme auf Empfehlung Ihres guten Freundes zu Ihnen, um Ihnen eine gute Geschäftsgelegenheit anzubieten, die Ihr Freund schon genutzt hat.

Ich mache Sie darauf aufmerksam, dass dieses Geschäft außerdem von einer sehr beliebten prominenten Persönlichkeit im Fernsehen als sicher und gewinnbringend beworben wird. Das muss doch ein gutes Geschäft sein, oder? Sie müssen nur noch hier unterschreiben und Sie sind auch dabei.

Halt! Bevor Sie den Vertrag ungelesen unterschreiben, sollten Sie sich fragen, welche Bedeutung denn mein akademischer Titel, das große Unternehmen, mein seriöses Auftreten, Ihr Freund und die prominente Persönlichkeit für den Inhalt des Vertrages haben. Natürlich gar keine. Entscheidend ist, was im Vertrag steht. Und damit Sie sehen, was wirklich Sache ist, müssen Sie den Schleier des Vertrauens abnehmen.

Um im Spiel des Rechts nicht auf die Verliererstraße zu geraten, dürfen Sie sich auf keinen Fall Ihrer sinnlichen Wahrnehmung berauben lassen; prüfen Sie alles direkt und gründlich, lassen Sie sich nicht ablenken und vom Schleier des Vertrauens blenden.

Grundregel 11

**Benutzen Sie Ihre Sinne,
um Ihr Recht wahrzunehmen.**

---

2. Information

„Wissen bedeutet zu erkennen, dass du es weißt, und, wenn du etwas nicht weißt, zu erkennen, dass du es nicht weißt."

(Konfuzius)

Haben Sie schon einmal eine Quizsendung im Fernsehen gesehen oder daran teilgenommen? Nehmen wir z.B. die Sendung, in der man sich durch die Beantwortung mehrerer Fragen zum Millionär hocharbeiten kann. In dieser Sendung stellt der Moderator einem Kandidaten Fragen, zu denen jeweils vier Antworten eingeblendet werden. Nur eine davon ist richtig.

Für den Fall, dass der Kandidat nicht weiß, welche der Antworten richtig ist, stehen ihm drei Joker zur Verfügung; ein 50:50-Joker, bei dem zwei falsche Antworten ausgeblendet werden, ein Telefonjoker, der dem Kandidaten ermöglicht, eine vorher ausgewählte Person zu konsultieren, und ein Publikumsjoker, mit dem der Kandidat das Publikum im Wege der Abstimmung nach der richtigen Antwort befragen kann.

Um bei diesem Spiel erfolgreich zu sein, reichen dem Kandidaten seine Wahrnehmung und sein Verstand nicht aus. Er sollte wissen, welche die richtige Antwort ist. Nehmen wir an, er wird nach der Hauptstadt Australiens gefragt. Ist es A: Sydney, B: Canberra, C: Melbourne oder D: Brisbane? Hat er die Information nicht, dass es Canberra ist, dann wird ihm das sorgfältige Lesen oder Hören der Frage und sein Nachdenken darüber nicht weiterhelfen. Wenn er es nicht weiß, und einfach rät, wird das Quiz für ihn zum riskanten

Glücksspiel. Also wird der Kandidat seine Joker einsetzen, um die notwendige Information zu bekommen.

Im Spiel des Rechts werden Sie häufig in die Situation geraten, etwas nicht zu wissen. Es wird Ihnen z.B. ein Vertrag mit Fremdwörtern und Fachausdrücken vorgelegt, deren Bedeutung Sie nicht kennen; es werden Preise für etwas von Ihnen verlangt, dessen Wert Sie nicht kennen; jemand, dessen Bonität Sie nicht kennen, verspricht Ihnen eine Zahlung; Ihnen wird vorgeworfen, eine Straftat begangen zu haben, ohne dass Sie über den Stand der Ermittlungen und die Beweislage informiert werden. In all diesen Situationen sind Sie der Kandidat im Spiel des Rechts, der nach den richtigen Antworten sucht. Was bedeuten die Fremdwörter und Fachausdrücke im Vertrag? Ist die Ihnen angebotene Sache preiswert? Ist der Vertragspartner solvent? Was hat zu dem strafrechtlichen Vorwurf gegen Sie geführt und welche Beweise liegen dafür vor?

Und wenn Ihnen die Informationen für die richtigen Antworten fehlen, sollten Sie wie in der Quizsendung Ihre Informationsjoker einsetzen. Im Spiel des Rechts sollten Sie das unbedingt tun, denn wer hier ein Ratespiel veranstaltet, hat im Gegensatz zur Quizsendung etwas zu verlieren. In die Quizsendung gehen Sie mit 0,- € rein und gehen im schlimmsten Fall wieder mit 0,- € raus, während Sie in unserem Spiel ins bodenlose Minus rutschen können.

Die Wahrung rechtlicher Interessen scheitert oft an dem mangelnden Einsatz der Informationsjoker. Professionelle Spieler wissen um die enorme Bedeutung der Information im Spiel des Rechts. Sie erlauben sich selbst keine Informationslücken und benutzen gezielt das Mittel der Vorenthaltung von Informationen, um zu gewinnen.

Wenn z.B. ein professioneller Immobilieninvestor daran interessiert ist, ein Miethaus zu kaufen, wird er sich nicht damit begnügen, das Objekt zu besichtigen. Er wird das Objekt nach sorgfältiger Standortanalyse auf Herz und Nieren prüfen, indem er sich etwa einen aktuellen Grundbuchauszug, Flurkarte und Lageplan, Bauzeichnung und Grundrisse, eine bautechnische Beschreibung, eine Aufstellung bereits durchgeführter und durchzuführender Instandhaltungs-, Modernisierungs- und Renovierungsmaßnahmen, eine Flächenberechnung, eine Berechnung des umbauten Raumes und die Mietverträge beschafft.

Andererseits wird Ihnen möglicherweise der Immobilienprofi auf der Verkäuferseite z.B. ein Gewerbeobjekt als zu 100 % vermietetes Objekt mit sehr guten Einnahmen und solventem Mieter in dem Wissen anbieten, dass der langfristige Mietvertrag mit dem solventen Mieter bereits in sechs Monaten ausläuft und von Seiten des Mieters nicht mehr verlängert werden wird. Wenn Sie den Kaufvertrag nun abschließen, ohne sich die Information beschafft zu haben, wie lange der Mietvertrag noch läuft und ob er verlängert wird, wird Ihre Immobilie in sechs Monaten leer stehen und so lange keine Mieteinnahmen bringen, bis Sie einen neuen Mieter finden, was möglicherweise nicht so einfach wird.

Belogen wurden Sie nicht, denn das Angebot war zum Zeitpunkt des Verkaufs korrekt beschrieben, Ihnen wurde nur eine Information über den zukünftigen Verlauf vorenthalten, die Sie sich hätten beschaffen können.

Bedenken Sie, dass Ihre Möglichkeiten der Informationsbeschaffung im Spiel des Rechts wesentlich besser sind als in der Quizsendung. Während Sie dort nur drei Joker haben, stehen Ihnen hier unzählige zur Verfügung. Wir leben im Informationszeitalter, in welchem die Anzahl der frei verfügbaren und insbesondere über das Internet sofort abrufbaren Informationen in der Geschichte der Menschheit ihresgleichen sucht und stetig anwächst.

Während Sie im Agrarzeitalter mit einer Kutsche mehrere Stunden ins nächste Dorf fahren mussten, um sich dort unter den Menschen nach der benötigten Information durchzufragen, brauchen Sie heute nur wenige Klicks bis zur wertvollen Information. Sie kommen inzwischen an Daten heran, über die früher nur Eliten und Geheimdienste verfügten. Das hat Ihre Chancen auf den Gewinn des Spiels drastisch erhöht.

Ihre Informationsjoker taugen jedoch nur etwas, wenn sie Ihnen zur richtigen Antwort verhelfen. Der 50:50-Joker in der Quizsendung minimiert z.B. nur das Risiko einer falschen Antwort auf 50 %, führt Sie jedoch nicht mit Sicherheit zur richtigen Antwort. Auch auf den Telefon- und Publikumsjoker können Sie sich dort nicht verlassen. Im Spiel des Rechts stehen Ihnen wesentlich zuverlässigere Informationsquellen als in der Quizsendung zur Verfügung.

Ihre nicht immer einfache Aufgabe bei der Informationsbeschaffung ist es jedoch, unter der Vielzahl der Informationsquellen die zuverlässigste auszuwählen. In dem oben beschriebenen Fall des Verkaufs des vermieteten Gewerbeobjekts sollten Sie nicht etwa den Verkäufer oder einen seiner Bediensteten danach fragen, wie lange der Mietvertrag noch läuft und ob er verlängert wird, denn das ist Ihr Gegenspieler, welcher das Spiel gegen Sie gewinnen will. Die zuverlässigere Quelle wäre hier der Mietvertrag. Im Beispiel des strafrechtlichen Vorwurfs sollte nicht der Polizeibeamte die Quelle Ihrer Wahl sein, sondern die Ermittlungsakte, von deren Inhalt Sie über einen Rechtsanwalt Kenntnis erlangen können.

Manchmal müssen Sie Informationen aus mehreren Quellen schöpfen, um eine zuverlässige Antwort zu erhalten. Im Beispiel der unsicheren Bonität des Vertragspartners sollten Sie sich nicht mit der Auskunft seiner Hausbank begnügen, sondern zusätzliche Auskünfte aus öffentlichen und privaten Datenbanken einholen (öffentliches Schuldnerverzeichnis, Handelsregister, renommierte Wirtschafts- und Personendatenbanken).

Wenn Sie zwar alle Tatsachen und Bedingungen wahrgenommen und sich alle notwendigen Informationen beschafft haben, das alles aber nicht verstehen können, dann dürfen Sie sich nicht damit abfinden. Sie dürfen nicht wie in der Schule stillsitzen und hoffen, dass Sie der Lehrer nicht drannimmt, sondern müssen solange Fragen stellen, bis Sie alles wirklich verstanden haben, und zwar nicht irgend jemanden, sondern einen unabhängigen Fachmann. Andernfalls wären Ihre Wahrnehmungen und Informationen für Sie wertlos. Sie wären wieder mitten in einem riskanten Ratespiel.

Und dies führt mich schließlich zu einem verbreiteten und äußerst gefährlichen Phänomen, an dem rechtliche Interessen auch sehr oft scheitern. Gemeint ist der Glaube, etwas zu wissen. Das Tückische daran ist, dass Sie sich damit selbst davon abhalten, Ihre Informationsjoker zu nutzen. Ihr Gegenspieler kann sich dann zurücklehnen und zuschauen, wie Sie sich selbst besiegen.

Um nicht in diese selbst gegrabene Grube zu fallen, empfehle ich Ihnen, bei der Prüfung Ihres eigenen Wissens den Sorgfaltsmaßstab eines vereidigten Zeugen zu verwenden. Könnten Sie, auch auf die Gefahr hin, sich strafbar zu machen, vor Gericht beschwören, dass die Hauptstadt Australiens Canberra ist? Wenn nein, dann nutzen Sie bitte Ihre Joker, um sicherzugehen.

Grundregel 12

Beschaffen Sie sich alle notwendigen Informationen aus zuverlässigen Quellen, bevor Sie handeln.

---

3. Timing

"Halte ein, wenn es Zeit ist, innezuhalten! Handle, wenn es Zeit ist zu handeln. Ein Mann erzielt ruhmreiche Fortschritte, wenn er jeweils zur rechten Zeit einhält und handelt."

(I Ging „Das Buch der Wandlungen")

Die oben beschriebenen Methoden der Profispieler, mit denen sie Wahrnehmung und Information ihrer Gegenspieler zu unterbinden versuchen, funktionieren dann besonders gut, wenn sie wie der Zauberkünstler das Element der Beschleunigung hinzufügen. Da der Mensch Zeit benötigt, um etwas wahrzunehmen und sich zu informieren, nehmen sie ihm diese Zeit.

Dies kann man z.B. in dem oben beschriebenen Beispiel des Mobiltelefonangebots erreichen, indem man hinzufügt, dass das Angebot an Telefonen begrenzt ist, nämlich nur solange der Vorrat reicht. Wenn Sie also nicht sofort bestellen, könnte Ihnen das Telefon durch die Lappen gehen, also klicken Sie sofort auf Bestellung, ohne die Bedingungen zu lesen.

Im Fall des Verkaufs des vermieteten Gewerbeobjektes kann der Verkäufer z.B. versuchen, Sie unter Zeitdruck zu setzen, indem er Ihnen sagt, dass er bereits ein Kaufangebot zu einem etwas niedrigeren Preis habe und mit diesem Interessenten nächste Woche einen Kaufvertrag schließen werde, falls Sie sich nicht sofort zum Kauf entscheiden. Wenn nun Sie mit dem Verkäufer nächste Woche den Kaufvertrag unterzeichnen, ohne sich über die Laufzeit des Mietvertrages informiert zu haben, hat er sein Ziel erreicht.

Im Spiel des Rechts haben Sie in der Regel mehr Zeit, die richtige Antwort zu finden, als in der Quizsendung. Wenn Sie merken, dass Ihnen ein Gegenspieler diese Zeit nehmen will, sollten bei Ihnen die Alarmglocken läuten. Sie sollten dann innehalten und Ihre Zeit nutzen.

Es gibt im Leben zwar nicht viele gute, aber sehr viele vermeintlich gute Gelegenheiten. Die Wahrscheinlichkeit, unter dem Zeitdruck des Gegenspielers auf eine wirklich gute Gelegenheit getroffen zu sein, ist daher relativ gering. Wenn die Gelegenheit wirklich so gut wäre, dann hätte es Ihr Gegenspieler gar nicht nötig, Sie unter Zeitdruck zu setzen.

Davon strikt zu unterscheiden sind aber Situationen, in denen Sie von Rechts wegen gezwungen sind, innerhalb eines bestimmten Zeitraumes zu handeln, um Ihre Rechte zu wahren, nämlich dann, wenn eine rechtsverbindliche Frist läuft.

Solche Fristen sind Bestandteil jeder Rechtsordnung. Sie finden sich in Gesetzen und Verträgen, können aber auch von Akteuren des Rechts gesetzt werden, um Sie in Zugzwang zu bringen. Rechte können nach Ablauf einer bestimmten Frist ausgeschlossen sein bzw. verjähren. Behördliche oder gerichtliche Entscheidungen können nach Ablauf der jeweiligen Rechtsmittelfristen bestands- bzw. rechtskräftig werden.

Selbst demokratische Rechtsstaaten haben kein Interesse daran, dass Rechte endlos geltend gemacht werden können. Begründet wird dies mit dem Bedürfnis nach Rechtssicherheit und Rechtsfrieden. Ab einem bestimmten Zeitpunkt sollen die Akteure des Rechts darauf vertrauen können, dass Ihre Rechtsposition bestand hat und der Kampf um sie beendet ist. Die Kehrseite davon ist, dass Fristen auch den Bestand von Unrecht sichern können.

Um die Bedeutung von Fristen im Spiel des Rechts zu verdeutlichen, verwende ich das Bild des Sensenmannes. Sie sollten sich das Ende einer Frist als den Sensenmann Ihrer Rechte vorstellen. Er ist gnadenlos und behandelt alle gleich, ob gut oder böse. Versäumen Sie eine Frist, so wird sich kein Richter mehr dafür interessieren, ob Sie ein gutes Recht verfolgen oder ob Ihnen Unrecht geschehen ist. Es geht dann nur noch darum, ob Sie die Frist tatsächlich versäumt haben oder nicht.

Selbst das Opfer einer schweren Körperverletzung mit lebenslangen Folgen, wird seine Schadensersatzansprüche nur innerhalb der Verjährungsfrist erfolgreich geltend machen können und sogar die strafrechtliche Verfolgung dieser brutalen Tat kann nach einer bestimmten Zeit verjähren. Nirgendwo werden Rechte so sinnlos geopfert, wie auf dem Fristenaltar.

In demokratischen Rechtsstaaten gibt es zwar juristische Mittel, um Rechte nach Ablauf gewisser Fristen ausnahmsweise wiederzubeleben. Darauf sollten Sie es aber nicht ankommen lassen. Es wird Ihnen sicher einleuchten, dass es besser ist, einen Herzinfarkt zu vermeiden, als sich auf Reanimationsmaßnahmen einzulassen.

Das Heimtückische an Fristen ist, dass sie ablaufen können, ohne dass Sie davon wissen. Es gibt zwar Fristen, über die Sie durch den Text eines Vertrages, durch eine behördliche bzw. gerichtliche Belehrung oder eine ausdrückliche Fristsetzung informiert werden; viele Fristen verbergen sich aber in Gesetzen, die ein Laie in der Regel nicht kennt. Aber selbst wenn Sie wissen, dass es eine Frist in einer bestimmten Spielsituation gibt und wie lange sie dauert, kann Ihnen der Ablauf dieser Frist entgehen.

Da viele Fristen mit einem Ereignis beginnen, können Sie deren Ende nur kennen, wenn Sie Kenntnis von dem Ereignis erlangt haben, welches den Lauf der Frist hervorgerufen hat. Es nützt Ihnen z.B. nichts, wenn Sie aufgrund der Lektüre Ihres Mietvertrages wissen, dass Ihr Vermieter den Vertrag z.B. mit einer Frist von einem Monat zum Ende eines Kalendermonats kündigen kann, solange Sie nicht auch Kenntnis vom Zugang der Kündigung erlangen, welche die Frist in Gang setzt.

Nehmen wir an, Sie seien auf einer dreimonatigen Sprachreise im Ausland. Kurz nachdem Sie verreist sind, erhalten Sie vom Vermieter Ihrer Wohnung zuhause eine schriftliche Kündigung mit der Aufforderung die Wohnung innerhalb der vertraglichen Kündigungsfrist von z.B. einem Monat zu räumen und herauszugeben. Sofern Sie nicht dafür gesorgt haben, dass jemand Ihre Post kontrolliert und Sie über den Inhalt informiert, werden Sie nicht wissen, dass Ihre

Wohnung gekündigt worden ist und daher auch den Ablauf der Frist nicht kennen.

Verstreicht nun die Kündigungsfrist einen Monat nach Zugang der Kündigung, so wird Sie der Vermieter auf Räumung und Herausgabe verklagen, weil Sie nicht freiwillig ausgezogen sind. Diese Klage wird dann vom Gericht an Ihre Wohnanschrift zugestellt werden und das Gericht wird Ihnen eine Frist von z.B. zwei Wochen zur Stellungnahme setzen, von deren Beginn Sie wiederum keine Kenntnis haben, da Sie sich ja immer noch auf Ihrer Sprachreise im Ausland befinden und niemand Ihre Post kontrolliert.

Da Sie sich innerhalb der vom Gericht gesetzten Frist, nicht gegen die Klage verteidigt haben, wird das Gericht Sie mit einem Versäumnisurteil zur Räumung und Herausgabe der Wohnung verurteilen und dieses Urteil wiederum an Ihre Wohnanschrift zustellen, mit der Belehrung, dass Sie z.B. dagegen innerhalb von zwei Wochen Rechtsmittel einlegen können.

Da Sie auch vom Beginn dieser Rechtsmittelfrist wegen Ihrer Abwesenheit keine Kenntnis erlangen, wird auch diese verstreichen, so dass dann der Vermieter den Gerichtsvollzieher mit der Zwangsräumung beauftragen wird, welche diese dann mangels freiwilliger Räumung und Herausgabe vollziehen wird. Schließlich wird der Vermieter die Wohnung an jemand anderen vermieten.

Und wenn Sie dann gut gelaunt von Ihrer Sprachreise zurückkehren, wohnt jemand anderes in Ihrer Wohnung, Ihre Einrichtung ist weg und Sie schulden Kosten für einen Prozess, von dem Sie nichts wussten.

Dies ist deshalb möglich, weil auch die Rechtsordnungen in demokratischen Rechtsstaaten für die Wirksamkeit des Zugangs einer fristauslösenden Erklärung grundsätzlich nicht verlangen, dass sie von ihr tatsächlich Kenntnis erlangen. Es genügt bereits, dass diese in Ihren Machtbereich gelangt und es Ihnen damit möglich ist, von ihr Kenntnis zu erlangen. Wenn Ihre Wohnanschrift nicht bekannt ist, weil Sie z.B. aus welchen Gründen auch immer untergetaucht sind, ist es sogar möglich, Ihnen Erklärungen dadurch wirksam zuzustellen, dass sie öffentlich bekannt gemacht werden, also nicht in Ihren persönlichen Machtbereich gelangen müssen.

Dies alles dient auch der Rechtssicherheit. Forderte man für einen wirksamen Zugang von Erklärungen stets die tatsächliche Kenntnisnahme, so wäre man sich der Wirksamkeit des Zugangs in keinem Fall mehr sicher, da man immer befürchten müsste, dass der Empfänger einwenden könnte, er habe die Erklärung zwar wahrnehmen können aber tatsächlich nicht wahrgenommen.

Wenn Sie nun im obigen Beispiel versuchen, die Räumung Ihrer Wohnung wieder rückgängig zu machen, indem Sie sich darauf berufen, dass Sie wegen Ihrer Abwesenheit gar nicht in der Lage waren, vom Zugang der Schriftstücke Kenntnis zu erlangen, so wird man Ihnen selbst dann, wenn die Kündigung unberechtigt war, entgegenhalten, dass Ihre Unkenntnis nicht unverschuldet war, weil Sie bei einer derart langen Abwesenheit hätten dafür sorgen müssen, dass jemand Ihre Post kontrolliert und Sie davon unterrichtet.

Eine wichtige Sorgfaltspflicht beim Timing im Spiel des Rechts ist daher die Kontrolle des Posteingangs. Sie müssen dafür sorgen, dass Sie fristauslösende Erklärungen zur Kenntnis nehmen können und dies auch tatsächlich tun, damit Sie rechtzeitig handeln können, um zu verhindern, dass sich das juristische Rad ohne Sie weiterdreht und Sie überrollt.

Bei Fristen, die Sie nicht kennen, weil Sie sich in Gesetzen verbergen, hilft Ihnen allerdings die Kenntnis von fristauslösenden Ereignissen nicht weiter. In diesen Fällen müssen Sie sich darüber informieren, ob eine Frist läuft.

Nehmen wir an in einem Gesetz eines Landes steht, dass Sie einen Vertrag nur innerhalb einer Woche wegen arglistiger Täuschung anfechten können und die Frist dann beginnt, wenn Sie die Täuschung entdecken. Nun verkauft Ihnen jemand z.B. ein Auto, das einen Unfall hatte, als unfallfrei und täuscht Sie damit arglistig über eine wesentliche Eigenschaft des Fahrzeugs. Kurze Zeit später, bei einer genaueren Inspektion, werden Sie von Ihrer Werkstatt auf den notdürftig reparierten Unfallschaden aufmerksam gemacht, womit das Ereignis eingetreten ist, welches den Lauf der Anfechtungsfrist auslöst.

Wenn Sie nun die kurze gesetzliche Anfechtungsfrist nicht kennen, kann es Ihnen passieren, dass Sie zu spät handeln und damit Ihr Recht auf Anfechtung des Vertrages verlieren.

Um solche Verluste zu vermeiden, sollten Sie sich eine Aufstellung möglichst aller gesetzlichen Fristen in Ihrem Land verschaffen, die fortlaufend aktualisiert wird. Dies wäre eine überschaubare Rechtsinformation, für die Sie kein Studium der Rechtswissenschaft benötigen, um sie zu verarbeiten. Dieser Überblick würde Sie für geltende Fristen sensibilisieren und damit Ihr Timing verbessern.

Außerdem wüssten Sie dann nicht nur, wie schnell Sie handeln müssen, damit Sie nicht verlieren, sondern auch, wie schnell Ihr Gegenspieler handeln muss, damit er nicht verliert. Dies kann ein entscheidender Vorteil sein, wenn Ihr Gegenspieler die jeweilige Frist nicht kennt.

Profispieler setzen das Timing nicht nur zur Abwehr von Rechtsverlusten ein, sondern benutzen es auch, um ihren Gegenspieler durch einfachen Zeitablauf zu besiegen, indem sie eine Angelegenheit gezielt verzögern.

Es gibt aber auch Fristen, die Sie dem Gegenspieler setzen müssen, bevor Sie handeln. Hat Ihnen z.B. ein Händler eine fehlerhafte Ware verkauft, so kann es sein, dass Sie ihm zunächst die Gelegenheit geben müssen, den Fehler zu beheben bzw. eine fehlerfreie Ware zu liefern, bevor Sie vom Vertrag zurücktreten. Hier heißt es also wiederum, nicht voreilig zu handeln.

Die beste Technik ist wertlos, wenn Sie nicht zur rechten Zeit eingesetzt wird. Wenn der Tennisball Sie bereits passiert hat, werden Sie ihn auch mit einem perfekten Schwung nicht mehr treffen können. Sie werden ihn aber auch dann nicht treffen, wenn Sie den Schlag zu früh ausführen, d.h. bevor der Ball in Reichweite ist.

Grundregel 13

Handeln Sie rechtzeitig, aber nicht voreilig.

---

4. Beweissicherung

„Ein Gramm Beweis wiegt mehr als ein Kilo Rechtswissenschaft."
(Juristenweisheit)

Nehmen wir an, ein guter, absolut vertrauenswürdiger Freund bittet Sie darum, ihm ein Darlehen von 50.000,- € zu gewähren. Er verspricht, es Ihnen innerhalb eines Monats ab Übergabe zurückzuzahlen. Sie treffen sich daraufhin mit ihm und übergeben ihm das Geld in bar. Einen Monat später stirbt Ihr Freund bei einem Verkehrsunfall und wird von seiner Tochter beerbt. Also bitten Sie seine Tochter um Rückzahlung des Darlehens.

Diese gesteht zwar ein, Alleinerbin ihres verstorbenen Vaters geworden zu sein und damit auch grundsätzlich für seine Schulden zu haften, weiß aber nichts davon, dass Sie deren Vater ein Darlehen von 50.000,- € gewährt haben und bestreitet dies deshalb. Wenn Sie nun die Tochter vor Gericht auf Zahlung verklagen, werden Sie dieses Spiel des Rechts verlieren, weil auch der Richter nicht mit Sicherheit weiß, ob Sie die Wahrheit sagen und deshalb gemäß dem Rechtsgrundsatz: *„der Kläger kann selbst kein Zeuge sein."*, nicht zu Ihren Gunsten urteilen wird.

Sie verlieren also, obwohl Sie die Wahrheit vorgetragen haben, und das auch noch auf faire Weise, da niemand die Regeln verletzt hat.

Viele Menschen sehen in einem Beweis vor allem einen Gefährten des Misstrauens. Sie empfinden es als unangenehm, ihren Mitmenschen gegenüber durch das Verlangen nach einem Beweis Misstrauen zu bekunden und fürchten, sich dadurch unbeliebt zu machen.

Das obige Beispiel zeigt aber, dass der Beweis vielmehr ein Gefährte der Wahrheit ist. Ihr plötzlich verstorbener Freund hat Ihr Vertrauen nicht enttäuscht und auch dessen Tochter ist nichts vorzuwerfen. Die Wahrheit ist mangels Beweises und nicht etwa aufgrund einer Täuschung oder Lüge auf der Strecke geblieben. Beim Verlangen nach einem Beweis geht es also nicht darum, Misstrauen zu bekunden, sondern darum, die Feststellung der Wahrheit unabhängig von den beteiligten Personen zu ermöglichen.

Sie sollten den Beweis als Mittel sehen, Ihr Vertrauen zu stärken, damit das negative Gefühl des Misstrauens gar nicht erst in Ihnen aufkommt. Außerdem können Sie Ihre Mitmenschen mit einem Beweis, vor einer negativen Persönlichkeitsentwicklung bewahren. Wenn diese nämlich wissen, dass Sie etwas beweisen können, werden sie gar nicht erst in Versuchung geraten, zu lügen.

Mit einem Beweis in der Hand können Sie kampflos siegen. Die Präsentation dieser Waffe kann bereits genügen, um einen Gegenspieler vor einer gerichtlichen Auseinandersetzung mit Ihnen abzuhalten.

Schließlich können Sie mit einem Beweis sogar einen überlegenen Gegner besiegen, denn selbst das beste Wissen und die beste Rede eines Spielers können es mit einem handfesten Beweis nicht aufnehmen.

Um Ihr Recht zu bekommen, sollten Sie daher unbedingt dafür sorgen, dass Sie die dafür sprechenden Tatsachen beweisen können. Das klingt einfach, ist es aber nicht, denn nicht jeder Beweis ist ein handfester Beweis für Ihr Recht.

Um in einem konkreten Fall zu entscheiden, wie Sie etwas am besten beweisen könnten, sollten Sie zunächst klären, was Sie überhaupt beweisen müssten.

Beweisbedürftig kann alles sein, was nicht offenkundig ist. Wenn Ihnen zum Beispiel ein Dachziegel von einem Haus auf den Kopf fiele, dann müssten Sie im Schadensersatzprozess nicht nachweisen, dass ein Dachziegel aufgrund der Erdanziehungskraft nach unten fällt, wenn er sich vom Dach löst. Diese Wirkung der Gravitation ist offenkundig. Zu beweisen wäre aber die zwar naheliegende aber nicht offenkundige Tatsache, dass Sie durch den Ziegel eine Gehirnerschütterung erlitten haben.

Die Ermittlung der beweisbedürftigen Tatsachen kann für einen ungeübten Spieler schwierig sein, weil er dazu neigt, einen Lebenssachverhalt als einheitlichen Vorgang und damit als eine Tatsache anzusehen. Tatsächlich birgt ein Lebensvorgang häufig mehrere Tatsachen, die bewiesen werden müssen. Welche Tatsachen müssten Sie z.B. im obigen Darlehensfall beweisen, um den Richter von Ihrem Anspruch auf Darlehensrückzahlung zu überzeugen? Es ist nicht etwa nur eine, sondern es sind drei.

Einen Geldbetrag können Sie nur dann zurückverlangen, wenn Sie ihn tatsächlich übergeben haben. Also müssten Sie beweisen, dass Sie Ihrem Freund 50.000,- € in bar übergeben haben. Diese Geldübergabe allein beweist jedoch nicht, dass es sich dabei um ein von Ihrem Freund zurückzuzahlendes Darlehen gehandelt hat. Die Geldübergabe könnte auch einen anderen Rechtsgrund gehabt haben, der Ihren Freund nicht dazu verpflichtete, den Geldbetrag zurückzuzahlen. Also sollten Sie den Beweis der Einigung über die Übergabe des Geldes als Darlehen führen können. Und schließlich müssten Sie auch beweisen, dass Sie schon jetzt berechtigt sind, das Geld zurückzuverlangen und nicht erst zu einem späteren Zeitpunkt. Hierfür wäre ein Beweis erforderlich, dass er sich verpflichtet hat, es Ihnen innerhalb eines Monats ab Übergabe zurückzuzahlen.

Zum Beweis von Tatsachen stehen Ihnen unterschiedliche Mittel zur Verfügung. Sie könnten einem Richter zum Beweis einer Tatsache einen Zeugen anbieten, eine Urkunde vorlegen, ihn dazu auffordern, die zu beweisende Tatsache selbst in Augenschein zu nehmen, ihm Fotos, Audio- oder Videoaufnahmen überreichen oder ihm ein Sachverständigengutachten vorlegen.

Nicht alle diese Mittel kommen aber in jedem Fall als Beweis in Betracht. Ein Zeuge ist z.B. ungeeignet, einen Beweis dafür zu erbringen, wie hoch ein Brandschaden an einem Haus ist. Dazu bedarf es besonderen Sachverstandes, so dass hier der Beweis stattdessen mit einem Sachverständigengutachten zu führen wäre. Ein Sachverständigengutachten wäre wiederum nicht dazu geeignet, zu beweisen, wer den Brandsatz gegen des Haus geworfen hat, weil es dabei nicht auf spezielles Fachwissen, sondern auf die Beobachtung des Werfens ankäme. Die Mittel der Wahl wären hier stattdessen der Zeugen oder- Videobeweis. Der richterliche Augenschein käme als Beweis nur dann in Betracht, wenn es um die Wahrnehmung eines gegenwärtigen und nicht etwa eines früheren Zustands ginge.

Eine wichtige Aufgabe liegt also darin, von vornherein ungeeignete Beweismittel auszusortieren, um dann von den verbleibenden das am besten geeignete auszuwählen.

Am besten geeignet ist immer das Beweismittel, welches den direkten und vollen Beweis einer Tatsache erbringen kann. Einen direkten und vollen Beweis für die Tatsache, dass jemand z.B. mit seinem Auto hinten auf ein anderes Auto aufgefahren ist, könnte die Aussage eines Zeugen ergeben, der diesen Vorgang beobachtet hat.

Ein nur indirekter und unvollständiger Beweis wäre hier ein Foto der Endstellung der Autos infolge der Kollision, denn damit hätte man nur bewiesen, dass ein Auto hinter dem anderen steht, nicht aber, dass das Hintere auf das Vordere aufgefahren ist. Möglich wäre nämlich auch, dass das Vordere rückwärts gegen das Hintere gefahren ist.

Wenn Sie die Auswahl zwischen einem Sach- und einem Personenbeweis haben, dann sollten Sie sich in der Regel für den Sachbeweis entscheiden. Im Beispiel des Verkehrsunfalls wäre die Aussage eines

Zeugen der Personenbeweis, während eine Videoaufnahme des Unfallgeschehens der Sachbeweis wäre.

Der Personenbeweis ist im Vergleich zum Sachbeweis wesentlich unzuverlässiger. Zeugen beobachten einen Vorgang in der Regel unvorbereitet und damit nicht besonders aufmerksam. Umgebung und Gefühlslage haben Einfluss auf ihre Wahrnehmung. Sie haben aufgrund ihrer Erfahrungen einen subjektiven Wahrnehmungsfilter; nur das, was diesen Filter passiert, nehmen sie bewusst war. Sie nehmen außerdem etwas nicht einfach nur wahr, sondern neigen dazu, es zu interpretieren, wodurch in ihnen ein verzerrtes Bild der Wirklichkeit entstehen kann.

Ihre Wahrnehmung kann auch aufgrund körperlicher oder geistiger Gebrechen oder durch die Einnahme von Drogen beeinträchtigt sein. Sie können vergessen und können sterben, bevor sie aussagen. Es kommt auch vor, dass Zeugen bestechlich sind. All diese inneren Schwächen hat ein Sachbeweis nicht.

Kehren wir zu unserem eingangs beschriebenen Darlehensfall zurück. Welches Beweismittel würden Sie in diesem Fall zum Beweis der Tatsachen wählen? Geeignet wäre ein Zeuge als Personenbeweis oder eine Urkunde als Sachbeweis. Vergessen Sie dabei nicht, dass Sie insgesamt drei Tatsachen beweisen müssten.

Diese könnten sogar zeitlich auseinander fallen. So könnte ihr Freund sich mit Ihnen an einem Tag auf die Übergabe des Geldes als Darlehen geeinigt haben, während er sich erst am nächsten Tag zur Rückzahlung innerhalb eines Monats verpflichtet haben könnte, und die Übergabe des Geldes hätte am übernächsten Tag stattfinden können.

Wenn Sie einen Zeugen nur zur Geldübergabe mitgenommen hätten, hätte dieser nur die Geldübergabe bezeugen können, wobei Sie auch noch penibel darauf hätten achten müssen, dass das Geld bei Übergabe vor den Augen des Zeugen gezählt wird, damit dieser nicht nur bezeugen könnte, das Sie Ihrem Freund Geld gegeben haben, sondern wie viel genau und in welcher Währung.

Um es kurz zu machen, es liegt auf der Hand, dass hier ein schriftlicher Darlehensvertrag zwischen Ihnen und Ihrem Freund mit seiner Bestätigung des Geldempfangs, also eine Urkunde, das am besten geeignete Beweismittel wäre. Mit diesem Beweismittel könnten Sie alle Tatsachen auf einmal und zuverlässig beweisen.

Um ganz sicher zu gehen, sollten Sie nach Möglichkeit mehrere Beweismittel kombinieren. Im Darlehensfall könnten Sie z.B. eine Dritte Person (z.B. Rechtsanwalt oder Notar) hinzuziehen, welche den Vorgang notfalls bezeugen könnte, falls die Urkunde verloren ginge.

Verwenden Sie nur Beweismittel, die vor Gericht verwertbar sind. Informieren Sie sich darüber, welche Beweismittel in Ihrem Land zulässig sind. So sind z.B. in Deutschland zum Schutz der Privatsphäre heimliche Ton- oder Videoaufnahmen nur in Ausnahmefällen zulässig und können sogar strafbar sein.

Sie müssen nur dann etwas beweisen, wenn Sie die Beweislast dafür tragen. Grundsätzlich tragen Sie die Beweislast für alle Tatsachen, welche Voraussetzungen für Rechte sind, die Sie beanspruchen. Wenn also jemand etwas von Ihnen beansprucht und sich dafür auf einen Vertrag oder das Gesetz beruft, dann obliegt es nicht Ihnen, sondern ihm, den Beweis zu führen.

Sie sind aber gut beraten, sich auch dann um Beweise zu kümmern, wenn Sie nicht zum Beweis verpflichtet sind. Der Beweis des Gegenspielers kann nämlich falsch sein und dann benötigen Sie einen Gegenbeweis, um zu gewinnen. Wenn im Spiel des Rechts ein Beweis vorliegt, wird bis zum Beweis des Gegenteils selbst eine Lüge als juristische Wahrheit angesehen.

In vielen Fällen ist es gar nicht die vorsätzliche Lüge oder Manipulation, die falsche Beweise hervorbringt, häufig sind Beweise einfach nur aufgrund von Irrtümern oder Fehlern falsch. Nehmen wir an, ein Zeuge erkennt Sie bei einer Gegenüberstellung irrtümlich als Täter einer schweren Straftat wieder, weshalb Sie im Untersuchungsgefängnis landen.

Spätestens in einer solchen Situation würden Sie einsehen, dass Sie sich auf der Unschuldsvermutung und der Beweislast der Staatsanwaltschaft nicht ausruhen können und zum Gegenbeweis händeringend nach einem Alibizeugen suchen. Sie sollten sich also darauf einstellen, dass Beweise falsch sein können und deshalb vorsorglich für Gegenbeweise sorgen.

In Konstellationen, in denen Ihr Gegenspieler die Beweislast hat, ist Ihr Gegenbeweis sogar die wirksamere Waffe. Nehmen wir an, jemand beansprucht von Ihnen als Kaufpreis für ein gebrauchtes Auto den Betrag von 5000,- €, während Sie sich damit verteidigen, dass ein Kaufpreis von nur 3000,- € vereinbart war. Der Kaufvertrag zwischen dem Verkäufer und Ihnen wurde mündlich bei der Besichtigung des Autos geschlossen. Dabei war auf Seiten des Verkäufers einer seiner Mitarbeiter und auf Ihrer Seite ein Bekannter von Ihnen anwesend.

Wenn nun der Mitarbeiter des Verkäufers als Zeuge aussagte, er hätte gehört, wie Sie dem Verkäufer 5000,- € für das Auto versprachen, während Ihr ebenso glaubwürdiger Bekannter bezeugte, Sie hätten nur einem Betrag von 3000,- € versprochen, ginge das Spiel nicht etwa unentschieden aus, sondern der Verkäufer würde verlieren, weil er die Beweislast trägt.

Beweise können Ihnen aber nur dann nützlich sein, wenn sie rechtzeitig geschaffen werden, bei Bedarf noch vorhanden und für Sie erreichbar sind.

Wenn eine Situation unbeobachtet vorübergeht, werden Sie keinen Zeugen mehr dafür bekommen können; wenn das Haus abgerissen ist, bevor ein Sachverständiger den Brandschaden dokumentiert und dessen Höhe bestimmt hat, werden Sie die Höhe des Brandschadens nicht mehr feststellen und beweisen können; wenn die Parteien bereits mit der Erfüllung eines Vertrages begonnen haben, wird kaum einer bereit sein, die für ihn nachteiligen Vertragsbedingungen im Nachhinein schriftlich zu dokumentieren und zu unterschreiben.

Sofern also eine für Sie günstige Sachlage absehbar ist, sollten Sie einen Beweis dafür vorbereiten. Und wenn die Sachlage plötzlich eintritt, sollten Sie trotz aller durch das Ereignis möglicherweise ausgelösten Emotionen, die Besonnenheit besitzen, sich sofort nach einem Beweis dafür umzusehen und diesen festzuhalten.

Ihr nächster wichtiger Schritt in der Beweissicherung ist, dafür zu sorgen, dass die gewonnenen Beweise nicht verloren gehen. Eine Urkunde muss sicher aufbewahrt werden, die Erinnerung eines Zeugen sollte schriftlich oder im Falle seines Einverständnisses mit einer Ton- oder Videoaufnahme festgehalten werden, damit ihm diese im Falle seiner Vergesslichkeit als Erinnerungshilfe vorgehalten werden kann.

Und schließlich sollten Sie dafür sorgen, dass Sie jederzeit auf Ihre Beweise zugreifen können. Hier gilt es vor allem zu vermeiden, dass sich die für Sie günstigen Beweise ausschließlich in den Händen des Gegenspielers befinden. Sollte dies nämlich der Fall sein, dann könnte es Ihnen passieren, dass die Beweise bei Bedarf nicht mehr aufzufinden sind.

Ihre Empörung und der Vorwurf an Ihren Gegenspieler, er habe die Regeln durch Beweisvereitelung verletzt, würden Ihnen an dieser Stelle nicht weiterhelfen, denn es kommt durchaus vor, dass Beweismittel versehentlich vernichtet werden und wenn sie nicht mehr da sind, kann man auch nicht mehr wissen, ob es tatsächlich Beweise für Ihr Recht waren.

Zur Sicherstellung der Erreichbarkeit von Beweisen gehört auch die ordentliche Ablage von Urkunden, damit Sie diese bei Bedarf wiederfinden. Einen Zeugen können Sie nur dann erreichen, wenn Sie dessen Namen, Anschrift und sonstigen Kontaktdaten notiert haben und die Notiz ordentlich aufbewahren.

Grundregel 14

Sichern Sie die Beweise für Ihr Recht.

VI. Die Strategie

„Strategie ist ein System von Notbehelfen."

(Helmuth Graf von Moltke)

Jedes Spiel hat seine Strategie, so auch das Spiel des Rechts. Mit einer Strategie wagt man einen Blick in die Zukunft. Man stellt sich alle möglichen Spielkonstellationen vor und überlegt sich seine Schritte im Hinblick auf die jeweiligen Situationen im Voraus, um das Spiel von Anfang an in seine Richtung zu lenken. Ein guter Stratege agiert, statt zu reagieren und er erwartet das Unerwartete.

Im Spiel des Rechts gibt es nicht die eine Erfolgsstrategie. Schließlich gibt es ja ganz unterschiedliche Rechtsgebiete mit ganz eigenen Regeln und unterschiedlichen Akteuren und somit auch ganz eigenen Strategien. Eine strategische Gemeinsamkeit gibt es dennoch. Eine Frage sollten sich alle Spieler stellen, egal in welchem Spezialgebiet sie gerade unterwegs sind, nämlich die Frage: „Wie kann ich mich absichern?".

So wie im Zirkus für die Trapezartisten vorsorglich für den Fall ihres Sturzes ein Sicherheitsnetz gespannt wird, gibt es auch im juristischen Zirkus Sicherheitsnetze, die für den Fall der Fälle vorsorglich gespannt werden können. Diese sollen Sie davor schützen, eine Bruchlandung zu erleiden.

Für Sie als Laien kommt es hierbei nicht darauf an, alle Arten von rechtlichen Sicherungsinstrumenten zu kennen, denn damit wäre Sie überfordert. Sie sollten im Rahmen Ihrer Möglichkeiten vielmehr Ihren Blick für mögliche Risiken schärfen.

Selbst ein Trapezartist, der jeden Tag trainiert und jeden Handgriff im Schlaf beherrscht, sollte sich des Risikos bewusst sein, aus großer Höhe stürzen und sich dabei schwer oder sogar tödlich verletzen zu können. Nur wenn er sich dieses Risikos bewusst ist, wird er auf die Idee kommen, ein Sicherheitsnetz zu spannen.

Ich will Sie aber keineswegs dazu anleiten, grundsätzlich misstrauisch durchs Leben zu gehen und überall nur Risiken statt Chancen zu sehen. Bewahren Sie sich Ihr Grundvertrauen und Ihre positive Einstellung, aber bleiben Sie auch offen dafür, dass das Unerwartete eintreten kann.

Im Fall des Trapezartisten liegen das Sturzrisiko und der Schutz durch ein Sicherheitsnetz auf der Hand. Doch wie sieht das im juristischen Zirkus aus?

Ein Risiko im Spiel des Rechts ist im Grunde genommen das Gegenteil Ihres Interesses. Wenn es z.B. in Ihrem Interesse liegt, von dem Vorwurf, eine Straftat begangen zu haben, freigesprochen zu werden, dann ist das Risiko Ihre Verurteilung.

Erinnern Sie sich noch an den Darlehensfall im Kapitel Interessenverfolgung, in welchem der Schuldner sich weigerte, das Darlehen nach Fälligkeit an Sie zurückzuzahlen. Hier bestand Ihr Interesse darin, Ihr Geld zurückzubekommen. Als Kehrseite Ihres Interesses lag auch hier das Risiko auf der Hand; mit der Hingabe des Darlehens gingen Sie das Risiko ein, das Geld nicht zurückzubekommen.

Man könnte nun meinen, dass jeder, der seine Interessen kennt, zwangsläufig auch einen Blick für die Risiken hat. Das ist aber leider nicht so. Viele Spieler sind so auf sich und ihre eigenen Interessen fixiert, dass Sie gar nicht auf die Idee kommen, etwas Gegenteiliges in Erwägung zu ziehen. Sie halten es überhaupt nicht für möglich, dass etwas gegen ihre Interessen laufen könnte.

Sie sind so von sich und ihrem Recht überzeugt, dass sie blind für das Unerwartete werden. Sie sind dann wie ein Trapezartist, der es aufgrund seines täglichen Trainings und der Beherrschung aller Handgriffe für ausgeschlossen hält, zu stürzen und dabei übersieht, dass er durch den Zuruf eines Zuschauers oder ein Blitzlicht abgelenkt werden könnte.

Nach dem strategischen Grundsatz Agieren statt Reagieren ist es angezeigt, Sicherheitsnetze zu spannen, bevor man Risiken eingeht.

Im Darlehensfall hätten Sie sich also schon vor Abschluss des Vertrages darüber Gedanken machen sollen, wie Sie sich für den Fall des Zahlungsausfalls absichern können. Dann hätten Sie selbst oder Ihr Rechtsanwalt rechtzeitig dafür sorgen können, dass Sie z.B. als Sicherheit ein wertvolles Pfandrecht erhalten. Mit einem solchen Sicherheitsnetz hätten Sie dann in aller Seelenruhe den Rückzahlungstermin abwarten können. Sie hätten sich dann nicht mit den Launen bzw. schwankenden Zahlungsmöglichkeiten des Darlehensnehmers auseinandersetzen müssen, sondern hätten notfalls einfach Ihr Pfandrecht verwertet.

Es gibt im Spiel des Rechts unzählige Möglichkeiten, Sicherheitsnetze zu spannen. Der Fantasie sind hier kaum Grenzen gesetzt. Damit Sie eine Vorstellung davon bekommen, was konkret möglich ist, hier einige Beispiele:

Wer einer Straftat verdächtig ist, kann im Hinblick auf das Risiko seiner Verurteilung von Anfang an auch alle strafmildernden Gründe und die Beweise dafür sammeln und hilfsweise vortragen, auch wenn er unschuldig ist.

Wer seinen Vertragspartner an einem schriftlichen Vertrag festhalten und Hintertüren durch mündliche Änderungen ausschließen will, kann im Vertrag regeln, dass Änderungen nur dann wirksam sind, wenn Sie schriftlich vereinbart werden.

Wer sicherstellen will, dass ein aus der Firma ausscheidender Angestellter nicht sofort beginnt, für die Konkurrenz zu arbeiten, kann mit ihm zumindest ein zeitlich begrenztes Wettbewerbsverbot mit Vertragsstrafe für den Fall der Zuwiderhandlung vereinbaren.

Wer sich dagegen absichern will, dass der Mieter ihm die vereinbarte Miete nicht zahlt, kann von ihm die Zahlung einer Kaution verlangen.

Wer etwas auf einem Grundstück bauen will, kann rein vorsorglich eine Bauvoranfrage bei der zuständigen Baubehörde stellen, auch wenn er der Auffassung ist, sein Vorhaben sei nicht genehmigungspflichtig.

Wer das Risiko ausschalten will, für sein Unternehmen persönlich zu haften, kann es in Form einer Gesellschaft mit beschränkter Haftung betreiben.

U.s.w.

Grundregel 15
Spannen Sie Sicherheitsnetze.

Epilog

Nun da wir am Ende unserer geistigen Reise durch das Wunderland des Rechts angekommen sind, bedanke ich mich für Ihre Geduld und Aufmerksamkeit.

Ich hoffe, dass Sie anders als Alice jetzt nicht verwirrt sind, sondern etwas Nützliches gelernt haben und vieles klarer sehen als vorher, so dass Sie nun einen erfolgreichen Beitrag zur Verwirklichung Ihrer rechtlichen Interessen im „Spiel des Rechts" leisten können.

Denken Sie daran, dass es nicht die Kunststücke sind, die im Wettbewerb den erfolgreichen vom erfolglosen Spieler unterscheiden. Entscheidend ist, welche Einstellung ein Spieler hat und wie gut er die Grundtechniken beherrscht.

Seien Sie sich dessen bewusst, dass es keine Meisterschaft gibt, sondern nur den durch ständige Übung erzielten Fortschritt.